© 2013 Lulu Frank van der Kok. Minden jog fenntartva.
ISBN 978-1-291-51742-2

# ÉLETED HARCAI

*Maga az értelem is hit kérdése.
Hiten alapul, ha azt állítjuk,
hogy gondolatainknak bármiféle
köze van a valósághoz. (G.K. Chesterton)*

## Előszó helyett

Kedves Olvasóm! Köszönöm, hogy rászántad magad erre a kis könyvre. Gondolom nehéz helyzetben vagy. Nagy harcot vívsz. Az élet nagy harcai egyikét. Vagy saját sorsoddal, vagy valakiével, aki közel áll hozzád. Vagy csak segíteni szeretnél valakin, aki szenved? Mert megsajnáltad? Vagy, mert ez a munkád?

Nem is számít. Mindenkinek vannak harcai, előbb vagy utóbb mindenki megvívja élete harcát. Kívánom, hogy a Te harcod ne legyen ennyire zord, mint amit a következő oldalakon fogsz olvasni. De még inkább kívánom, hogy bármilyen kemény harcba is keverednél, mindig tudd bátran megvívni azt. Mindig legyen veled hited és a szeretet csodája.

Írók már sokszor és sokféleképpen írtak az élet nagy dolgairól. Én nem vagyok író, így nem is török hozzájuk hasonló babérokra. Őszintén meg akartam írni amit megéltem az elmúlt néhány évben. Én nehezen találtam külső segítséget, útmutatást azokban az években. Szeretném, ha történetünk, Virág története egy lehetséges segítség lenne Számodra, kedves Olvasóm. Bármi is legyen a harc, amit éppen harcolsz, a tanulságok bizonyosan segítségedre lesznek majd.

Használd szeretettel, és továbbítsd másoknak is.

Hull a hó. Nézem a hópelyhek játékát. A szoba melegéből nem is érzi az ember mennyire nedvesek, mennyire hidegek... mennyire veszélyesek. Mert azok! Utálom is őket emiatt. Vagy mégsem?... Hiszen hosszú éveken át imádtam mindent, ami a télhez és a hótakaróhoz köthető. Hóember, hógolyózás, szánkózás – aztán később a lányok „mosdatása", hempergőzés a hóban – aztán a forralt bor és síparadicsomi hangulat. Mindezt imádtam! És talán még most is. De legalábbis szeretném, *hisz nem változhat semmi*, ez nem boríthat fel mindent, emiatt nem utálhatom meg a havazást! Még ha emlékeztet is mindarra, ami 3 éve történt. Virággal.

Akkor is hullt a hó. Kegyetlenül – mondom ezt most, bár akkor inkább örültem neki, hisz végre megjött az első hó, végre van remény egy fehér Karácsonyra. December volt már, így jogosan aggódtunk, hogy nem lesz fehér Karácsonyunk. Aggódtunk... mert akkor még ilyenek miatt aggódtunk.

## Első fázis: Esztelen hajsza

Jött a hívás. Az ott és akkor mindent megváltoztatni *hivatott* telefoncsöngés. Föl sem vettem, hisz így szoktuk. Azt mondtuk spórlás, de talán inkább egy kis gyerekkori romantika volt. Ő jelez nekem, én meg visszahívom. Játék – romantika. Hisz így ismertük meg egymást, így élveztük közös iskolaéveinket, a diákszerelmet. Szóval visszahívtam. Egy férfihang válaszolt. Bemutatkozott és azt kérdezte mikor megyek az autóért. Legalábbis én csak ennyit értettem. Agyam ott és akkor csak ennyit tudott felfogni. De lelkemben már beindult a mindent elöntő forró pánik. Mi történt? Mikor? Hogyan?... Rengeteg kérdés tolakodott az agyam felé. „A feleségem jól van?!" Csak ennyi jött ki. De az indulatosan, hangosan. Mintha attól jobb lenne. A válasz még mindig hivatalos volt és semmitmondó: ő a rendőrségtől van, helyszínel, és szeretné tudni mikor, viszem el az autót. Amit a feleségem összetört. Amiben összetörte magát. A hóban. De én nem tudtam foglalkozni most ezzel. Hogy is tudtam volna?! Hisz reggel, amikor kanyarodtam föl a pályára (dolgozni, ellentétes irányba) már megálltam egy percre. Félrehúztam. Mert aggódtam. Már egy éve aggódtam minden reggel mikor dolgozni ment, hisz tudtam, hogy túl sokat vezet, túl sokat van úton. És mindig is féltem a nagy számok törvényétől. De most kicsit másképp aggódtam. Talán tudatalattimban mégis féltem a hó miatt. Vagy csak a lelkiismeretem próbálta felhívni a figyelmem, hogy kellene félni, hogy ez nem egy romantikus karácsonyi mozi. Mert nem hívott, amikor szokott. De aztán az agyam visszakövetelte magának az irányítást. Biztos csak elkésett („hisz mindig késésben van, nem tudod?"), biztos csak berobogott a tárgyalásra („persze, mert az úgyis mindig fontosabb"), biztos nem volt ideje csörögni. De majd fog. Mikor 1 perce visszahívtam is ezt gondoltam. „Na ugye megmondtam!" – valami ilyesmit mondott az agyam diadalittasan. És akkor ez jön az ő hülye problémáival, a hó, meg az autó, meg a hülye hivatali dumája. „Uralkodj magadon!!! Most van szüksége rád! Most először az életben igazán, ne baltázd el pont most..." Kezdett beindulni a túlélési ösztön. A vonal másik végéről is jött egy kis segítség, egy kis kapaszkodó, talán ott is megérezték az elmúlt másodpercek vívódásait. „A felesége nagyon megütötte magát, a mentősök most élesztik újra". Bármilyen borzasztóan is hangzik ez a mondat, ott és akkor elég volt ahhoz, hogy végre beinduljon az agyam. Ez volt az újraindít gomb. Csakhogy a számítógép legtöbbször újraindítás után már jól van. Kicsit zörög, kába, de aztán ismét a régi. De én már nem; talán soha nem?

Vettem is a kabátom, és rohantam ki az irodából, hagyva munkát, laptopot, tanácstalan kollégákat és mindent, ami az elmúlt években az életet jelentette. Rohantam, hiszen még él, de nagy bajban van. Szüksége van rám! Ott kell lennem mellette. Beugrottam az autóba és elhajtottam. Szakadt a hó, az autópályákon megcsúszott autók imitt-amott. Ők megúszták csak ennyivel... De ettől csak még gyorsabban száguldottam, dudáltam, villogtam, siettem. A nagy számok törvénye. „Csak nem fogunk hóesés miatti autóbalesetet szenvedni mindketten ugyanazon a reggelen". A mai statisztikát már kipipáltuk, én már száguldhatok. Igen, megmagyaráztam, így már jó. Közben meg pörgött az agyam. Beugrott, hogy akár csonka is maradhat ezután. Elveszti a lábát, kezét, ki tudja mijét. Hisz ez a legrosszabb mi történhet, nemde? Felhívtam a barátnőjét, menjen a kórházba, ott várjon Virágra, hamarosan viszik. Persze ezt nem tudtam, de be akartam biztosítani magam. Ezt tanultam munkám során, erre tanított az üzleti élet. Bebiztosítani mindent többszörösen. „Ettől féltem már egy éve! A fáradtság, a hosszú utak, a nagy számok törvénye... Egyszer csak beakad... És akkor vagy megússzuk, vagy nem. „De nem baj, jó lesz. Ugye, Istenem?" Imádkoztam. Hogy ne maradjon csonka, hogy maradjon meg épen, szépen, az én Virágomnak. Aztán hirtelen jött egy újabb hívás. Az ő arca mosolygott rám a telefon képernyőjéről, és az ő kedvenc zeneszáma szólalt meg. De ugyanaz a férfihang jelentkezett. Mégis, talán valami más volt. Igen, a hangsúly más volt. Másik kórházba kell mennem, máshova irányították. „Mert nagyon súlyos." Éreztem, hogy ő többet tud. Ezért a más hangsúly. De nem mondhat többet. Biztos ez a protokoll vagy mi a szar. Hagytam is. Csak annak örültem, hogy nem veszítettem időt, hogy még időben odaérhetek a másik kórházba. Hívtam a barátnőjét, akció lefújva, menjen vissza dolgozni, majd jelentkezem. Szárazan, profin, hisz így kell ezt csinálni. Aztán csak nyomtam a gázt, érjünk már oda. Túl voltam a nagy forgalmon, a megcsúszott kocsik sorozatán, itt már szűz havon lehetett autókázni. Veszélyes, de legalább kinyílt a tér. Isten majd vigyáz rám úgyis. Hisz ő találta ki a nagy számok törvényét is, nemde?

De ahogy az út kitisztult, úgy kezdett az agyam is kitisztulni. Hogy itt már nem egy elvesztett láb a tét. Arról sem mondunk le, de azzal majd később foglalkozunk. Előbb maradjon életben. Eltelt már 1 óra, és még viszik a kórházba. A súlyosabban sérültek kórházába. De viszik, tehát él. És akkor elsírtam magam. Ez sok volt. De nem álltam le, úgy suhantam a havas autópályán könnyes szemekkel. És imádkoztam. Akkor először igazán és őszintén. Akkor értettem meg, hogy nincs más esélyünk, csak az ima ereje.

Megérkeztem a városba ahova irányított a rendőr. Összeszedtem magam, akció van. Erősnek kell lennem, bármi következhet most. Egy mentőautónak kellett félrehúzódnom. Egy nagyon gyors, szirénázó autónak. A Virág szállítója, valamiért ebben biztos voltam. Mindig félreállok, mindig segítek, mindig szidom azokat, akik ilyenkor lomhák – de most mindent többszörös erővel tettem – akartam tenni. Most én voltam a megmentő, a támasz aki majd segít Virágon, hogy túljusson mindezen, hogy minden jó legyen megint.

Aztán az első banális akadálynál elbuktam. Nem volt parkolóhely. Most merjem itt hagyni hanyagul az útközepén, mint a filmekben vagy keressek távolabbi parkolóhelyet? Miközben Virág küzd az életéért, én ilyeneken dilemmázok... Szóval lehúztam az út szélére, de a tilosban. Amolyan félmegoldás gyanánt. És rohantam be Virághoz, hisz őt már nyílván ápolják, láttam elmenni a mentőautót, ami imént kikerült.

„Kérem Uram, várjon a sorára." A hölgy unott, monoton hangon rakott félre. Belefásult ő már ebbe, itt mindig mindenki pánikol és siet, mindenkinek az övé a legfontosabb, nem tud ő mindenkivel együtt pánikolni. Ráadásul én nem vérzek, nem vagyok rosszul, szóval nem vagyok sürgős eset. Jöhet a következő... De aztán talán mégis meglátott bennem valamit. Nagyon szerencsétlen lehettem, nagyon kétségbeesett. Nem vérzett semmim, de mégis meglátta a vérző lelkem. Én meg kétségbeesésemben is megéreztem a pillanatnyi gyengeséget és már mondtam is, hogy kit keresek, hogy most hozták, hogy mi történt vele. Mintha mindent tudtam volna, már csak az adminisztratív részletek lennének. „Nem jött ilyen nevű beteg és nem is várunk ilyen névvel senkit." Hogy micsoda?! De hát én láttam, én tudom, én... Teljes pánik lett úrrá rajtam, eddig

tartott a megmentő lendülete. Aztán mégis akadt valaki, aki tud egy súlyos betegről, akit nemrég jelentettek be, hamarosan meg kell, érkezzenek vele. Talán Virág volt a neve. Talán. Várni kell. Én meg a rohadt büdös autómért aggódom már megint. Kimentem leparkoljam. Szerencsére találtam parkolóhelyet. Aztán visszamentem.
Nagy zűr fogadott. Már senki nem volt unott, monoton. Már nem. Mindenki rohangált, tette a dolgát. Nem pánikszerűen, rutinosan és profin, de gyorsan. Ez biztos ő lesz. Próbáltam közel férkőzni, de nem engedtek. Hallottam az újjáélesztés hangjait (azt hiszem), meg a sok csipogó gépet. És láttam az egyre csak érkező ápolókat, nővéreket, gépeket és még mit tudom én miket. „Engedjenek már oda, engedjék, lássam már..." Végre kijött valaki. Piros ruhás férfi, „talán a mentős lesz" gondoltam, bár eddig még sosem néztem meg őket részletesebben. De mindegy is, onnan bentről jött ki, ő kell, tudjon *valamit*. Bármit. Odaszaladtam, mondtam ki vagyok, kértem mondjon valamit. Könyörögtem. „Nagyon súlyos, 20 éve vagyok mentős, de ilyent még soha nem láttam". Nem így képzeltem el egy mentőst. Megtörten, együttérzően (később megtudtam, hogy még napokra rá is betelefonált a kórházba, hogy érdeklődjön). Egy mentős annyi mindent lát, hogy neki már mindegy. Vagy ez megint csak Hollywood hatása? Nem tudom, ott akkor nem tudtam, de éreztem, hogy nagyon súlyos kell, legyen, ha ő is ilyen lett tőle. „Teljesen átfordult a skalpja, hajjal befelé, akkora volt az ütés". Ezt tette még hozzá. Nem hallottam. Nem tudtam meghallani, felfogni, megérteni. Az én Virágom feje, a kis buksi, amit úgy szerettem szorongatni... „Még ez volt a szerencséje, ezért tudtuk behozni. Másképp meghal". Egy fűszál! Egy fűszál, amibe lehet kapaszkodni!!! Mert *valamivel*

azért még szerencséje volt! Látom, hogy súlyos, nehéz lesz, de túl fogja élni. Mert szerencséje volt. Ezt meghallottam. Hirtelen kicsapták a nagy ajtókat és a rideg sötét szobából őrült tempóban toltak kifele egy ágyat. Mindenki koncentrált, de nem pánikolt, nem félt, nem érzett semmit. Végezte a dolgát, ez is egy nap, mint bármelyik másik. Akkor megláttam őt. A szép hosszú haját vettem észre. „Ő is észrevett!!!" Igen! Él és lát! Felém nyújtja kezét, akar hozzám jönni, megérinteni, elmondani, megosztani (legalábbis én így fordítottam le magamnak az eseményeket – orvosok szerint képtelenség, de én most is kitartok, amellett amit láttam). Aztán elvitték, hurcolták egyik zugból a másikba, számomra értelmezhetetlen vizsgálatokat végezve. Miközben én nem tudtam, hogy ennek örüljek, vagy még jobban féljek. Vagy idegeskedjek és szidjam a rendszert. Az nem úgy van, hogy a mentő behozza a beteget és már viszik is a műtőbe? Vagy csak ezek bénáznak? Ugyebár rendszeresen hallani kórházak között ide-oda keringő betegekről, akik aztán így halnak meg. Értelmetlenül, a rendszer statisztikai hibájaként. Most melyik az igaz, kinek van igaza? Amíg én ezen töprengtem, már be is vitték egy műtőbe. Szóval már mindegy is, biztos tudják ők, jó, hogy haladunk (mint később megtudtam, profin jártak el, egyetlen percet sem veszítettek, a szükséges és elengedhetetlen útvonalat járták). Imádkoztam egy nagyot. És valamiért megnyugodtam. Hogy jó lesz. Jó *kell*, legyen.

Akkor jutott eszembe, hogy még nem szóltam senkinek. Valakinek mégis kellene szólnom.... Felhívom apukáját. Ő mégiscsak férfi, valahogy majd ő továbbadja. Amúgy is ő pragmatikusan nézi a világot, neki könnyebb lesz elmagyarázni. Hívtam is a számát. De rosszat, a magán telefonját, nem a cégest. Ami otthon volt. Virág édesanyjánál. „Mi a baj? Mi történt? Miért ezen hívsz?" Hogy ezek az anyák mindig tudják! Hát elmondtam, nem volt visszaút. Részletek nélkül, csak a lényeget, elsőre elég lesz az neki. Hisz ő mégiscsak egy anya. Az Anya. „Azonnal indulunk". Csak ennyi volt a válasz. Semmi kérdés, semmi sírás-rívás. 450km-ről ez a nő, ez az anya csak ennyit mondott. Határozottan, katonásan, fejben már osztotta a parancsokat, kinek mit kell csinálnia ahhoz, hogy ő minél előbb láthassa a lányát. Hogy ott lehessen mellette. Mert nagy a baj, neki ezt nem kell részletezni. Neki ott a helye, és kész.

## Intenzív

Kínos órák következtek. Évek, ha engem kérdeznek. Imádkoztam, sírtam, féltem – reméltem. Míg nem jön ki senki a műtőből, még van remény. Még életben van, még harcolnak érte. De egyszer csak kijönnek. És akkor mi lesz?! Mi van, ha rossz hírrel jönnek ki. Mi van ha... Nem is akartam belegondolni. Közben jöttek rendre a hívások. Meg az. Terjedt a hír, mindenki érdeklődött. Nem akartam beszélni senkivel. Legalább gondolatban Virággal akartam lenni. De kénytelen voltam néha felvenni. Ha nem adok semmi infót, még rosszabb. Az sms meg végképp nem megoldás, hogy lehet ezt egy smsben összefoglalni?! Válaszolnom kellett, még akkor is, ha ez kellemetlen. Hisz ilyenkor nem tudnak mit mondani az emberek. Aki nem ment még át hasonlón, az nem tudja, mit mondjon. Vagy talán még ők sem. Hogy szörnyű, meg sajnálja? Hisz mindketten tudjuk, hogy borzasztó, megrendítő és hirtelen. Miért kell erről beszélnünk? Hogy gondol ránk, segítene? Na de miben segítene... Csak egyetlen segítség van most,

ezt már megértettem. Így mindenkinek csak ennyit mondtam. Hogy imádkozzanak Virágért. Értünk.
Végre kijött valaki. Bemutatkozott, egy főorvos. Nyugodtan beszélt, kimérten. Mégsem tudtam követni, annyira szorult a gyomrom. Ő most fog mondani *valamit.* Nem csak Virágról, de rólam is. Az életem itt és most változik. Az életünk most az ő szavain csüng. Próbáltam kimért szavaira figyelni, megnyugodni. Elkapni a lényeget. Él. Súlyos. Kritikus. 2 hétig bármi történhet. Ha mégis, beszédhiba, súlyos jobb oldali mozgásproblémák. És vissza is ment. Próbáltam értelmezni a hallottakat. Szóval még él. ÉL! „Köszönöm Istenem!" Ugyanakkor viszont kritikus a helyzete. Szóval a háborúnak még nincs vége, ez csak az első csata volt. A java még következik. És állóháborúra kell készülni. Talán 2 hetet mondott, mialatt bármikor bármi változhat. És még utána is súlyos következményekkel kell számolni. Néhány órája még azon aggódtam, hogy elveszíti valamely végtagját. Akkor még nem tudtam mibe torkollhat ez az egész. „De most már tiszta". Azt hittem, most már értem. Azt hittem. Naivan.

Átvitték az intenzív osztályra. Még mindig nem láthattam, de azt mondták most már csak néhány perc. Beöltöztettek zöld köpenybe, zacskó a lábamra, várjak az ajtóban. Úgy dobogott a szívem, mint amikor rég nem látott családtagra várunk. Körülöttem fura csend volt. Gépek csipogása, 1-2 hozzátartozó halk sírása. Néha valamelyik gép megtörte a csendet és kiszabadult monoton csipogásából. Olyankor érezhetően visszatért az élet a kórteremben, történt valami. Lehet épp kihalt egy élet? Vagy csak valaki megvívott egy újabb kis csatát életéért? Nem tudtam mi. Akkor még nem.

Szóltak, hogy végre mehetek, csak Virág beékelődött, szinte elvesztették. „Mi az, hogy beékelődött??

És mi az, hogy elvesztették?? És..." Ordítani tudtam volna. Értetlenül és értelmetlenül álltam a helyzet előtt. De talán a régi beidegződések átveszik ilyenkor az irányítást, talán agyunk tudja mi a helyes eljárás, ha mi magunk ezt nem is tudjuk összerakni. Szóval ordítás helyett inkább higgadtan visszakérdeztem. Hogy magyarázza már el valaki.

Akkor értettem meg mi történik. A baleset során fejét baloldalról hatalmas ütés érte, vélhetően egy fémtárgy csapódott a fejének, az autó valamely része. Az agy bal agyféltekéje szinte teljes mértékben elveszett, ami maradt az pedig a kiterjedt herniatio és oedema nyomán tovább fog károsodni (vérzik és vizenyős lesz, értettem meg napokkal később). Ez növeli a nyomást a koponyán belül, ez okozza a beékelődést (az ütéstől duzzadó, táguló agy „beszorul" a koponyacsont alá, így más irányba kényszerül növekedni, és „megindul" a gerinc irányába). Azonnali halál. Virág egyedüli reménye a túlélésre egy nyomásmérő, amit a műtét során helyeztek a fejébe, az jelzi, azonnal ha elkezd nőni a nyomás. És akkor ők megpróbálják stabilizálni, Megpróbálják. De ne legyenek reményeim. Ritkán súlyos.

Én akkor így értettem. Orvosilag rengeteg kérdésem lett volna, de ők sem értek rá, meg én sem. Ők siettek életeket menteni. Én pedig lelkeket. Virágét és a sajátomat. Most már látnom kellett. Bármikor meghalhat, bármikor véget érhet egy álom, és én még nem is láttam. Nem is csókolhattam meg.

Dermesztő volt. Soha nem kaptam még ekkora pofont. Minden előzmény kevésnek bizonyult ennek feldolgozására. Ezt lehetetlen ép ésszel felfogni, értelmezni.

Végre mellette lehettem. Feküdt előttem – mozdulatlanul, bekötött fejjel, kábelek és gépek fogságában. „Alszik?" Az ember csodálatos lény. Soha nem adja fel. Nem, nem alszik. Ki van kapcsolva, mesterséges kóma, alacsonyan tartják az agyi aktivitást és ez által a nyomást is. Vagy valami ilyesmi. De már nyúltam is a keze után, már nem érdekelt semmi. De azt sem hagyták. Még *ennyit* sem. Arra is reagálhatna, vagy netán megmozdítom picit. Az is nyomásváltozást okozhat. Vagyis halált. Ott álltam mellette, és nem tehettem semmit.

Az egyik nővér segített. Amolyan kedves kis öreg néni féle volt. Ő nem beszélt orvosi terminusokban, nem latolgatta az esélyeket. Adott egy széket, leültetett Virág mellé és azt mondta beszéljek a feleségemhez. Az majd mindkettőnknek jót tesz.

Mit mondjak? Mit lehet ilyenkor mondani? Hogy minden jó lesz? Hogy minden rendben? Okos feleségem van. Ha magánál van, ha csak picit is ért vagy lát mindebből, akkor tudja nagyon jól, hogy nincs rendben. Ha meg valahol messze jár, valamely másik dimenzióban kering, akkor úgyis mindegy mit mondok. Lehet, csak én mozizok túl sokat, de ebben a helyzetben ismét a filmekre gondoltam. Mennyire romantikus ilyenkor kiönteni a lelked, és akkor ő bágyadtan megébred, és örök szerelmet vallotok egymásnak. De az élet nem hollywood. Valamit mégis kell lépni, kell segíteni.

Leültem mellé és elmondtam neki mi történik. Hátha mégis elkap mindebből valamit. Hátha próbálja magának megmagyarázni. Hátha csak egyszerűen fél. Megpróbáltam magabiztos lenni, nyugodt és megnyugtató. Ijesztő részletek nélkül, de őszintén összefoglaltam mi történik. 10 éve ismerem, 10 éve működik ez a csodálatos összefonódás köztünk, mindig az őszinteségre alapozva. Mindig mindent megosztani, elmondani, közösen megoldani. Akkor pont most hazudjak? Ha nem jön be, mégis rosszul csináltuk az elmúlt 10 évet. Éreztem a felősséget, de azt is, hogy ezt a döntést nekem kell meghoznom, méghozzá gyorsan. Szóval meséltem. Havas út, csúszás, fejsérülés, műtét, intenzív osztály. Súlyos, de túlélhető. Együtt ezt is megoldjuk. Isten velünk, én itt vagyok, jó kell, legyen. Nem adhatja fel, szükségem van rá. Túl sokan hiányolnánk. Nehezen kontrolláltam magam. De lelkeink érintkeztek egy imában. Azt az imát együtt mondtuk el, mondjon bármelyik orvos bármit. Csodálatos nő. Feltűnt, hogy arca mennyire gyönyörű. „Megőrültem, játszik velem az idegrendszerem. Nem lehet itt ilyenekre gondolni!" Mégis. Hiába liheg a halál a tarkómban, én határozottan látom, hogy ez a nő gyönyörű. Hiába minden, ő mindig káprázatos tud maradni. Van benne erő! A hit ereje. Meg a szereteté.

## *Állóharc*

Szóltak, hogy megjöttek Virág szülei. Nyilatkoznom kell, hogy bejöhetnek-e hozzá. „Hogy miről nyilatkozzak?!" Én vagyok a legközelebbi hozzátartozó, én döntök most mindenről. Akkor értettem meg a következő évek alapgondolatát. Férje vagyok, tettem egy esküt. Isten és ember előtt, szokták mondani. A törvényhozók is ezt várják el tőlem, hisz most mondják. Nekem kell most meghozni a döntéseket helyette is. Most még csak egy egyszerű döntést. De lesz ez még keményebb is. Mellettem épp egy láb amputálásáról döntöttek egy férfi ágya mellett. Az elvesző végtag versus az élete. Lesz ez még keményebb is. A kezdeti naivitásnak vége, ez már nem játék.

Nyílván azonnal átadtam Virágot szüleinek. Most minden szeretetre szüksége lesz, hadd áramoljon az mindenhonnan. Bárhonnan. Hiszen az röpítette most ide őket, a szeretet. Órákat autóztak veszélyes utakon,

feltehetően végig sírva (ezt véltem látni rajtuk). Csak hogy láthassák őt. Hogy elmondhassák, hogy szeretik, hogy mellette vannak. Hiszen erre van szüksége.
Kiküldtek minket, váltás van. Egy 3 négyzetméteres szobácskába irányítottak, ott várjunk, majd szólnak. Ott ültünk, álltunk, ültünk, feküdtünk, álltunk. Nem tudtunk mit kezdeni a helyzettel. Most voltam először családtagok, ismerős emberek között a baleset híre óta. Mégsem tudtam kiönteni a lelkem. Nem tudtam eldönteni, hogy a sokkhatás az oka, vagy csak a családi kötelékek nem elég erősek. Anyósa ölébe mégsem bújik az ember, vigasztaló simogatásért. Én nem.
Aztán édesapja törte meg a feszült csendet. Hirtelen sírva fakadt. Sírt mint egy gyermek. A kislányáért. A látvány miatt amit nem tud elviselni. Meglepődtem. Ő a férfi. A családfő. Az erő. De máris ellentmondtam magamnak. Ő egy apa, aki imádja a lányát, és aggódik miatta. És ezt kimutatja, nem törődik semmi mással. Igaza van! Ez alapozta meg a következő napok összefogását. Nagy katasztrófák idején az emberek összefognak. Összezárnak, félretesznek mindent, és egy erőként mozgatnak meg mindent a menekülés reményében. Ez történt ott velünk. Szükségünk volt rá. Az események úgyis zajlottak. Vizsgálatok, életveszélyes pillanatok, borúlátó orvosok törtek ránk a következő órákban. Megszerveztük az „őrjáratot", váltogattuk egymást Virág ágya mellett, lélekben szorítottuk a kezét, el ne menjen. Kizártunk minden adatot és tényállást. Nem mehet el, szorítanunk kell a kezét, még ha csak lélekben is. Ott kell lennünk mellette, bármi is következzen, és itt kell tartanunk. A mi fegyvereinkkel. Hittel. Reménnyel. Szeretettel.

## „Megváltó születik"

A következő napok nem sok újat hoztak. És ezt jónak ítéltük, életben van. A kórházban senkit nem találtunk, aki osztaná optimizmusunkat. Mindenki lassú végről beszélt. De határozottan egy végjátékról.
 Nehéz volt nem hinni nekik. A zsákos fiúk rendszeresen emlékeztettek erre. Meg kellett szoknunk a halál közelségét. Meg kellett *volna*. De nem lehet – nekem mostanra sem sikerült. Nem volt nap elvesztett páciens nélkül, néha többet is elvittek a zsákos fiúk. Jöttek unott arckifejezéssel, majd néhány perc múlva jöttek vissza egy nagy fekete zsákkal a hordágyon. És még azt sem tudhattad, hogy nem-e a te hozzátartozódat viszik. Mikor a zsákos fiúk után kijött az ügyeletes orvos, mindig torkomban dobogott a szívem. Egyik nap kijött az orvosnő – a legpesszimistább fajta – és közölte egy mellettem álló apával, hogy a 30 éves fia meghalt. Semmi körítés, semmi komplikáció (hisz várható volt, hisz ő már megmondta, nemde? – valami ilyesmit olvastam le viselkedéséből, arckifejezéséből). Majd hozzám fordult. Ugyanazzal a hanglejtéssel beszélt, ugyanaz a testtartás, ugyanaz az arckifejezés. Megállt körülöttem a világ. Előbb minden gyors körforgásba kezdett, majd hirtelen sötét lett. Nem ájultam el, csak épp meghalt bennem valami. Közben ő mondta a szövegét – még mindig ugyanaz az arc, ugyanaz a monoton hang. Végre elkaptam egy szavát, ami visszahozott a realitásba. Gégemetszés. Nem tudom mi az, de biztos valami műtétféle, biztos nem halottakon végzik. Szóval nem a halál hírével jött. Minden rendben még! Vagy mégsem? Gége. Metszés. Próbáltam magamban összerakni mi is lehet az, és mennyire lehet az komoly. De szerencsére nem kellett sokat törnöm a fejem, az orvosnő már mondta

is: felmetszik a légcsövet, hogy bevezethessék a lélegeztetőgép csövét. Haszna, hogy nem károsodnak többet a hangszálak, és a szájüregnek sem kellemetlen a kilógó cső. Hatalmas vihar kerekedett bennem. Valójában 1-2 másodperc lehetett, de ott belül sokkal többnek tűnt. „Elkezdődött." Előtört bennem a baleset napján érzett aggodalom az esztétika, a testi épség – vagy még helyesebben változatlanság – iránt. Felmetszik, tehát már nem lesz a régi. De gyorsan reagált is a ráció. „Hisz láttad milyen állapotban van, hagyj már fel a buta céljaiddal. Mentsük meg, a többi majd megoldódik". Ezzel is vigyáznak rá, hisz ezzel érvelt az orvos. A kisördög viszont visszakövetelte a szót – na de minek vigyázni rá, ha úgyis meghal? Valami ilyesmit kérdeztem volna, valahogy ezzel az érvvel mutattam volna rá, hogy tévednek, hogy nem tudják, mit csinálnak, de legalábbis mit beszélnek. „Rutin beavatkozás, 3 nap után mindenkinél elvégezzük". Szóval csak rutin. Nem jelent semmit. Megválaszolta, letörte. Vihar vége... Persze csinálják, mit mondhattam volna. Isten biztos nem játszik így az övéivel. Biztos mégsem véletlen, hogy valami jövőre néző fog most történni. Mert hiszen akkor kell, legyen jövő!

„Kérem, fontolja meg szervei felajánlását." Este már ezzel a mondattal törtek le minden reményt. Az épp aktuális ügyeletes orvos minden szakmai tudását (vagy tudatlanságát?) Bevetette annak érdekében, hogy Virág édesanyját meggyőzze: ennek már úgyis vége, legalább másokon segítsünk. Hogy lehet ezt pont egy anyával közölni?! És pont így? Bennem csak a felháborodás gondolatai kavarogtak, a tényszerű kérést meg sem fontoltam. Mi harcolni jöttünk ide. A hit és szeretet állóharcát vívjuk, vesztes opció nincs. Visszamentünk Virág mellé. Szorítottuk a kezét (továbbra is csak lélekben),

imádkoztunk érte – "vele". És nagyon szerettük. Ki-ki a maga módján, de mindenki határtalanul. Már csak ez a gyógyszer maradt, de talán elég lesz ez is.
De nem úgy tűnt. Másnapra rosszabb lett a helyzet. Bélműködését nem tudják beindítani. Az oedema valamelyest visszahúzódott, de még mindig fennáll minden percben a beékelődés veszélye. Elkezdte elveszíteni testhőmérsékletét. Alufóliás takarókkal tartották benne valahogy a hőmérsékletet. A meleget. A lelket? Ilyenkor sérülhet az agy hőközpontja, és az ember egyszerűen kihűl. Ennyi volt a magyarázat. Este ismét a borúlátó orvosnő volt ügyeletes. "Pont ez kell most..." De be sem fejezhettem a gondolatot, mellénk lépett. Teljesen más arckifejezéssel. Kedves volt, megsimogatta a vállam. Együttérző hangon szólalt meg: "Menjenek haza, pihenjenek. Mindent megpróbáltunk, de semmi életjel. Csak a gépek és szerek tartják életben, magától nem képes az alapvető életfunkciókra sem. Reggelre várhatóan kihűl. Nagyon sajnálom, de nem tudok Önnek semmi bíztatót mondani." Feltehetően élete legkedvesebb mondatait mondta el. Legalábbis szakmai életében biztosan. Éreztem, hogy mindent belead, hogy a tőle elvárhatónál sokkal együttérzőbb. Talán őt is megérintette a harc látványa. De semmi jót nem tud mondani... Mégiscsak a halál híre marad rá, csak lassabb kivitelen, mint néhány nappal azelőtt hittem. Undor. Hiába minden kedvesség, én csak azt tudtam kiérezni szavaiból. Undorodtam tőle. Nem tudja, hogy nincs feladás? Hogy csak a győzelem opciója létezik?

Hosszú éjszakám volt. Betartotta szavát, nem engedett Virág mellé. Inkább pihenjünk, ügyintézés vár ránk másnap. Ez volt a legnehezebb. A távolból hinni. Mégis ott lenni, változatlanul vele lenni. Lélekben. Nagyon nehéz. Hajnalra már elviselhetetlenül nehéz. Megtörtem. A reggelinél már tényleg a halálra készültem. Hisz nincs más kiút, hiába akarom én a happy end rózsaszín világát. Ez a realitás, a zsákos fiúk realitása. Ezt gondoltam a reggeli mellett. Mert az ember ilyen helyzetben is tartja magát a rutinhoz. Megmosdik, felöltözik, reggelizik. Mintha mi sem történt volna. Tudja, hogy itt a vég, de nem akar tudomást venni róla. A rutin majd feledteti. Belül persze mégsem, hogy is lehetne elfeledni ezt?! A halált – a szeretett nő halálát.

Tervezni kezdtem. Már nem a szép jövőt, hanem a temetést. Ezt kérték tőlem, nem? Nem!? Nem ezt akarják tőlem?! Próbáltam összerakni – milyen koporsó, milyen virág, melyik sírhely. „Tényleg, erre még soha nem gondoltunk." 30 évesen valamiért kizárja az ember ezt a lehetőséget. Nem akar még nyugdíjról hallani, életbiztosításról, sírhelyről... Még a temetőt sem tudtam meghatározni. 500 kilométerre vagyunk szülővárosunktól. Inkább oda? Ott van a család, a gyerekkor emléke, ott lenne értelmes. De néhány éve mi itt kezdtük el új életünket. Azt amelyik ide vezetett. Akkor úgy lenne logikus, hogy a végszót is ide kössük.

Lehetetlen gondolatok. Néhány éves házason lehetetlen megtervezni feleséged temetését. Így csak ültem csendben, bambultam magam elé, vártam, hogy beengedjenek mellé. Néztem ki az ablakon, és néztem a havazást. Karácsony napja volt. „Szép fehér karácsonyunk van. Ahogy te szeretted volna, Virágom."

Végre ismét mellette lehettem. Még életben van! A hangulat viszont változatlan. 34 fokos testhőmérséklet, kilátástalan helyzet. Ma lesz a végnap. Míg mások a karácsonyfa alatt éneklik énekeiket és bontogatják ajándékaikat, nekünk ez lesz a végnap. Hát igazságos ez az élet?!

Karácsony. Egy fontos részletet felejtettem el. Rendszeresen elfelejtjük, évről évre. Jó a karácsonyfa, az éneklés, sütemények, a családi együttlét meg miegymás. Csak ne felejtenénk el a lényeget. Megváltónk született! A Karácsony egy hatalmas örömhír az ember számára. Minden más csak ezután jöhet. Jöhetne... Csak mi elfelejtjük. Néha teljesen. De ma nem. Ma Isten ennek az ünnepnek a legszebb oldalát mutatta meg nekem. Az igazi csodáját.

Székletet produkált. „Összefosta magát!" Elsőre nem is értettem miről beszélnek, de aztán gyorsan jött a magyarázat. A szívmelengető magyarázat: Virág végre életjelet produkált. Az első életjel. Furcsán hangzik, de a csoda egy jó, egészséges rottyantás formájában érkezett. A folyóson sem értette senki mi van velünk. Az ápolók kizavartak minket az intenzívről, mert nem bírtunk magunkkal. Örömujjongások között újságoltuk mindenkinek, hogy végre rottyantott. Végre kommunikál velünk. Orvosok talán értették – mások biztosan nem. Őrültnek nézhettek. De kit érdekelt?! Hisz Virág rottyantott!!

Mire visszakerültem mellé, már lázas volt. 38, 39, 40... „Nem lesz már túl magas?" Aggódtam. Ismét volt miért aggódni. *Kiért* aggódni. Persze, hogy nem volt, erre vártak napok óta, a láz hiánya jelezte a bajt. Az intenzív egy fura világ, itt minden fordítva működik. Itt a magas láz a jó hír. (Én legalábbis így egyszerűsítettem magamban a téves következtetést).

Próbáltak minket visszafogni. Soha nem tudtam meg, hogy ez kommunikációs trükk, jogi kötelesség, vagy csak egyszerűen fásultság. Én is így tanítanám az orvosoknak: depressziós hozzátartozót vigasztalni, túl bizakodót letörni. Szinten tartani mindenkit, amennyire csak lehet racionális realitás talaján maradni. De a jogászok gondolom mást mondanának: mindig a legnegatívabbra felkészíteni a hozzátartozót. Így nem lesz per belőle... És végül ott van a pusztán emberi változat – ők már annyiszor látták a zsákos fiúkat, hogy őket már semmivel nem lehet megmozdítani. A halál kegyetlenül és megállíthatatlanul dolgozik. Ők csak megtesznek mindent, amit a szűk keretek engednek. A pokol és menny harcába ők nem tudnak beleszólni. Az emberiség azt hiszi, már mindent tud, de a lényegi dolgokról valójában semmit: legmélyebb belső titkainkat, az agyat, a lelket – semmit nem tudunk róluk. Hogy tudnánk hát befolyásolni a nagy játszmát? Élet és Halál harcát...

Soha nem tudtam meg, most sem tudom. De határozottan éreztem: itt mindenki képzett pesszimista. Kötelességszerűen próbáltak most is visszarántani. Ne örüljünk, nincs minek. A halál még mindig bármikor bekövetkezhet, ez a stabilitás csak pillanatnyi is lehet. És ha mégis életben maradna, csak vegetatív életre lesz képes. Vagyis élő halottat vihetnénk haza, egy mesterséges világot, egy lélegző és emésztő szervezetet, aminek semmi köze az emberi léthez. Éberkóma, látszólagos élet. Csak ez várhat ránk, semmi több.

Nekünk aztán mondhatták. Újabb csatát nyertünk. Isten újból csodát művelt, napokon belül a sokadikat már. Karácsonyi csodát, a legértékesebbet az összes közül. Állóharc lesz persze, értettük. De győztes harc, ebből nem engedünk. Most már nem!

## Új élet

Felgyorsultak az események. Az állóharc hirtelen akcióba váltott. Egyszerre két fronton is. Virág állapota stabilizálódott. Lekerülhetett a lélegeztetőgép, áthelyezték az osztály egy másik, csendesebb részére. Az életjelek is sűrűsödtek, apró halvány jelek táplálták a reményt. „Ugye az egy könnycsepp?" „Ugye te is láttad, hogy megmozdult az ujja?". Bizonytalan remény. Nehéz magabiztosnak lenni, amikor mindenki negatív az ember körül. „Csak idegrendszeri reakció." „Csak látszat." „Csak vegetatív állapot, kár örülni." „Higgye el nekem, jobb lett volna ha..."

Meg kellett nyitni a második frontot. Az elmúlt 2 hétben megállt az élet. Jóformán a minimális higiénia és táplálkozás jelentette az életet. Minden más az intenzív osztályon zajlott. A világ viszont nem így működik. A világ robog, eszeveszettül, megállíthatatlanul. Mi lesz az összetört autóval? A biztosítóval? A 80 kilométerre lévő házzal? A szeretetre és gondozásra vágyó kiskutyánkkal? Virág 500 kilométerre lakó szüleivel? Munkahelyeinkkel? Életünkkel.

Döntéseket kellett hozni. Fáradtan, megviselten, talán még mindig sokk alatt. Na és persze bizonytalanságban. „Elegek-e ezek az apró életjelek? Tévedhetnek ekkorát az orvosok?" Emészti magát az ember, de aztán rájön, hogy fölösleges. Úgysincs kiút. Menekülési útvonal. Az egyedüli opció csak az lehet, hogy az ember tovább csinálja. Hisz, remél, szeret, harcol. És még remél egy kicsit. Persze a „tovább" nem ugyanaz, mint „változatlan". Az élet nem állhat meg, de nem is lehet elvárni, hogy ugyanúgy menjen tovább, mint *azelőtt*. Nemcsak fölösleges, de egyenesen káros eljátszani a régi életesdit. El kell fogadni a leosztott kártyákat és igazodni kell hozzájuk.

Szerencsére mi ezt időben beláttuk. Mindannyian hittük és tudtuk, hogy Isten leosztotta a kártyákat. Nekünk reagálnunk kell, és játszani tovább. Virág anyukája lett a változás. Ő lett a mi jokerünk. Saját ötletéből, de mindenki tökéletes egyetértésében. Hiszen logikus volt. Érzelmileg, gyakorlatilag és anyagilag egyaránt. A család többi tagjai látszólag folytatták az életet ott ahol abbahagyták. Látszólag. Mindenki tisztában volt vele, hogy ez nem ugyanaz. Nem az, hiszen Virág sorsa még mindig több kérdőjel, mint válasz. De azért sem az, mert a dominó nem működhet, ha egy kő kimarad. Addig nem, amíg azt nem pótolják. Virág kiesése gyakorlati problémákat vetett fel. Azonnali hatállyal.

Virág betegágyát tehát édesanyja őrizte reggeltől estig. Éjszakára a kórház melletti nővérszállón húzódott meg pihenni. Kollégiumi létforma, egyértelműen életidegen. De a cél szentesíti az eszközt, panasz nem volt. Édesapja és testvére hazatértek, megpróbálták folytatni. Akárcsak én.

## Visszatérés

Nehéz volt az első munkanap. Az ember óhatatlanul is feszeng. Mit mondjak? Mit ne mondjak? Mit vár el tőlem a környezetem? Hogyan *kell* ilyenkor viselkedni?

Életünk mindig és mindenhol a megfelelésről szól. Megfelelni a rendszernek, másoknak, az elvárásoknak. Kiváltképp így van ez munkahelyünkön. Így utólag nem is csodálkozom, hogy akkor ez volt bennem a legnagyobb kérdés. Tragikomikus, de valós. Hosszú évek társadalmi beidegződései teszik ezt velünk. Aggódunk intenzív osztályon fekvő feleségünk miatt, és közben tudunk aggódni mások véleménye miatt is.

Nekem jól sikerült. Nem tudom megítélni mennyiben múlt ez rajtam, gyanítom nem sokban. Talán annyit tettem hozzá, hogy nem késlekedtem egy napot sem – amikor számítottak rám, ott voltam. Talán ez volt a legtöbb mit tehettem egyáltalán. Környezetem talán ettől félt a legjobban. Hogy kimaradok, összeroppanok. Most láthatták: Ott voltam, teljesítettem, beszámítható voltam. Igaz, feltételekkel. Hisz nekik is meg kell érteniük, hogy új kártyákkal játszunk, minden nem mehet ugyanúgy változatlanul. De a multinak is van lelke, a feltételek kezelhetők. Ott kell lenni, végezni a munkát, teljesíteni.

Meghatározó napok voltak ezek. Bebetonozták a következő éveket. Mindenkinél, személyre szabva. De összefüggésében is. Az akkor kialakított státusz segített később a nehéz napokon. Évek múlva pedig ugyanaz a státusz okozta a legnagyobb törést – mindannyiunkat meglepett, de az ideiglenesnek szánt állapot úrrá lett rajtunk, és állandóságot követelt magának. Meg akkor is, ha mindenki látta, ez nem lehet állandó, ez nem természetes.

## A hatalmas apró lépések

Idegtépő hónapok következtek. Verejtékkel, vérrel és könnycseppel megvívott lépések. Most visszanézve egyszerűnek és ésszerűnek tűnik. Nem is értem mire számítottunk. Hogy csak feláll, és kézen fogva hazamegyünk? Persze, mint a filmekben... Nem vagyunk mi naivak, főleg ezek után nem. De nem akarunk nem azok lenni. „Hátha mégis." Persze mégsem. Illetve igen, csak nem azonnal. Az emberi szervezet egy hatalmas rendszer. Rendszerhiba esetén időre van szüksége. Automatikusan elkezdi újjáépíteni magát, de annyira kesze-kusza, hogy az eredmény nem lehet azonnali. Képtelenség. A csoda abban rejlik, hogy összeáll, hogy képes nulláról újraépülni. Nem az, hogy ezt mennyi idő alatt teszi. Az 1 napos lepke is biztosan hosszúnak és komplikáltnak érzi életét. És türelmetlen ha valamire várnia kell. Mondjuk 3 másodpercet, ha mi mérnénk. Vagy 3 évet – ha ő mérné. A lélegeztető gép volt az első konkrét lépés. Tudományos, nem szubjektív, nem optimizmus vagy pesszimizmus kérdése. Levették a lélegeztetőgépről, már ő maga is el tudta végezni a feladatot. Nagy megkönnyebbülés.

Aztán jött a gyomorszonda, a „peg". Elsőre gusztustalan és ijesztő. Léket vágnak az ember gyomrán, és betolnak egy rugalmas csövet – azon mehet majd befele a táplálék. Nagyon idegennek éreztem, soha nem tudtam megszokni, később sem. De láttam a hasznát, és a fejlődést benne: nem lehet örökké infúzión élni, az csak jó lehet, ha ismét tudunk rendes emberi kaját adni neki. Még ha ebben a formában is. Édesanyjával ketten napokon belül a bébikaják mesterei lettünk. Megtanultuk mit bír el egy ilyen gyenge gyomor és mit nem. Mi erősít, mi nem. És persze a peg előnyeit-hátrányait is tanultuk – ha nem jól passzíroztuk az ételt, egy-kettőre visszafolyt rajta... És örömmel csináltuk. Végre tehettünk valamit, végre valamiben tudtunk segíteni neki. Jólesett kedvenc ételeit bevinni neki – még ha folyékony formában is, még ha ő nem is tudott rá reagálni semmit. Később még mi is meglepődtünk kreativitásunk milyen fokára tudott elvinni minket ez az állapot – a kismama-tájékoztatók, botmixer és peg világában minden lehetségesnek bizonyult. Olyannyira, hogy hónapokkal később, mikor picit megerősödött, már kisebb poénokra is volt energiánk. Gyanítom nem sokan adtak már be zsíros kenyeret ilyen formában...

Napokon belül következtek az életjelek. Picike apró jelek, amik mind-mind életet és reményt adtak nekünk. Erőt, hogy menjünk tovább. A szeretet jelei, a megtartó erő kinyilatkozásai. Előbb egy könnycsepp volt. Egy kósza aprócska könnycsepp, ami végigfolyt Virág megfáradt arcán. Aztán az ébredés. Kinyitotta szemét! Még nem tudtuk mit néz, de néhány nap múlva azt is megtudtuk. Elkezdte követni a mozgásokat. Ritkán és nem mindig koherensen. De az igyekezet egyértelmű volt. Nekünk legalábbis – az orvosok kitartottak pesszimizmusuk mellett. Még akkor is, amikor megmozdította a fejét. Aprócska mozdulat volt, de megkérdőjelezhetetlen – az első mozdulat. És végül az érintés. Bal mutatóujjával ért hozzám. Többet jelentett, mintha megölelt volna. Benne volt minden szeretet, kétségbeesés, remény. Nagyon jóleső érzés, ismét együtt voltunk. Egy érintéssel megszűnt a távolság.

A tempó nem lassult. Jöttek sorban a nagyobb tettek. Megemelte bal kezét, majd bal lábát. Gyenge, lassú, nem mindig megismételhető mozdulatok voltak ezek. De elegendőek ahhoz, hogy mi minden orvosi pesszimizmus ellenére tovább reméljünk. És tovább harcoljunk. A baleset után 2 hónappal már egész bíztató eredményeket produkált. Igaz, rengeteg fájdalom és szenvedés kísérte mindezt. Igaz, a kilátások továbbra sem voltak rózsásak. De nem hagytuk magunkat eltéríteni. Amíg van fejlődés, amíg apránként haladunk, addig nekünk feladatunk van!

Aztán jött a telefonhívás. Az intenzív osztály ügyeletes orvosa: megtelt az intenzív osztály, Virág pedig már stabil, tehát áthelyezik „osztályra". Pörögni kezdett az agyam, irtózatos sebességgel pörgött. Ha elég stabil, az ugye jó? Na de én látom, hogy nem az. Gépekre van kötve, monitor figyeli, folyamatos felügyeletet igényel. De lehet ez már csak szükségtelen luxus? Lehet tényleg fölösleges ez már neki? Vagy csak kitúrtak minket... vagy lehet csak feladták a harcot Virág életéért. Nem tudtam mi lesz most. Nem is értettem a részleteket, csak láttam, hogy pakolják a cuccait. Nem volt visszaút. Pedig én ragaszkodtam hozzá. Utálatos és ijesztő hely az intenzív osztály – én mégis ragaszkodtam hozzá. Mégiscsak itt mentették meg az életét. Ők tudtak és tudnak vigyázni rá. Bármilyen negatívak is kommunikációjukban, munkájuk profi. A félelem az ismeretlentől nagy úr...

*Idegsebészet*

Az első napokban enni-aludni sem tudtam. Vajon ezek a nővérek tudják mit csinálnak? Biztos a profikat mind az intenzívre helyezik... Vajon tényleg jó az, hogy Virág nincs gépekre kötve? De akkor honnan tudják, ha valami baja van? Eddig csipogott a monitor, jött a profi nővér, megoldotta, minden rendben volt. Na de itt? Mire ezek ráneznek, már régen késő lesz. Ő meg nyílván nem tud jelezni. „Istenem, úgy fog meghalni, hogy jelezni sem tud!" És persze még ha észre is veszik... ez egy nyugisabb osztály, itt nyílván nem annyira képzettek és rutinosak az ápolók, nővérek. Legalább az orvos ugyanaz. Legalább annyi...

Hosszas kínos vívódások napjai voltak ezek. Az ismeretlen rémálma. A törékeny test iránti őszinte aggodalom. Persze alaptalanul. Itt is profik dolgoznak, itt is van tehetségesebb nővér (meg kevésbé), elhivatottabb (meg kevésbé), tapasztaltabb (meg kevésbé), és így tovább. Ha jó az osztály vezetősége (és itt jó volt), akkor ők ezeket pontosan tudják, úgy építik csapataikat, és úgy biztosítják, hogy minden körülmények van valaki, aki meg tudja

oldani a kemény helyzeteket. Az idegsebészet ráadásul nem annyira nyugodt hely, mint ahogy elsőre tűnt. Azért a gerincműtét sem leányálom...
Virág ráadásul gyorsan a csapat szívébe lopta magát. Az esélytelenek győztese, aki ráadásul rohamosan fejlődik. Mert volt fejlődés, és gyors iramban. Mi sem mertünk jobbat kívánni. Gyógytornászával csodákat műveltek: észre sem vettük, és már tolószékbe tudták ültetni. Na persze nem úgy kell ezt elképzelni, hogy csak kiugrik a székbe, azt már süvít is! Kínkeserves, több embert igénylő, néhány perces sikerek voltak ezek. De sikerek, és addig mindenki motivált volt.

Aztán jöttek a pozitív megerősítések is. Emlékszem, amikor először megpuszilt és megsimogatott (no nem egyidőben, de én gyorsan össze tudtam rakni). Az első mosoly sem volt elhanyagolható élmény! Végre volt kapcsolat. Végre tudtam, hogy szeret, méghozzá nagyon is. Merthogy voltak kétségeim természetesen. Ha majd egyszer felébred, fog még emlékezni rám? Érzelmei változatlanok lesznek? Eljátszottam a gondolattal, hogy mi van ha újból meg kell hódítanom. Természetesen vállaltam volna a kihívást, de – talán szintén természetesen – féltem is tőle. Megnyugvás volt látni, hogy nem lesz itt semmi probléma ezen a fronton. Sőt. Aggodalmam átment egészséges önbizalomba. Lehet volt közöm ahhoz, hogy kitartott! Szerelmünk biztos hozzá tudott tenni valamit az eddigi sikerekhez.

Funkcionalitásában is javultak a dolgok. Lementek az első falatok, az alapvető kommunikációt meg tudtuk oldani, kezével-lábával egyre több irányú és komplexitású mozgást tudott elvégezni. Bal oldali végtagjaival legalábbis. Öröm volt nézni, ahogy egy-egy kedvenc pudingot jóízűen elmajszol. Vagy, ahogy felkacag egy jó poénra. Az élet olyan örömei ezek, amiket civilizációs folyamatunk során megtanultunk kizárni életünkből. Ilyen helyzetben veszi észre magát az ember. Hogy mennyit ér egy mosoly. Vagy egy kacaj. Vagy egy jóízű falat...

Minden éremnek két oldala van. Nem volt az élet habostorta ebben az időszakban sem, félreértés ne essék. Az élet apró örömeit apró ürömök is kísérik. Ugyanúgy csekélyek, de ugyanúgy felnagyítva jelentkeznek ilyenkor. Egy banálisnak tűnő székrekedés is tud ilyenkor izzasztó, ordításra sarkaló, hosszas vajúdásra emlékeztető kínszenvedésbe torzulni. A lélegzés öröme is megszűnik észrevehetetlen automatizmus lenni – egy kis orrdugulás fulladásveszély érzetét hozhatja perceken belül.

A másik nagy ellenség az idő. Az idő múlásával nem csak az örömök jöttek, a fejlődés és gyógyulás apró hírnökei, de a komplikációk és problémák is. Hihetetlen milyen gyorsan képes az emberi szervezet leépülni. Heteken belül el tudjuk hagyni izomtömegünket, ijesztő csont-bőr-plötty kollekcióvá válik az ember. Néhány hét, és vissza a start mezőre... Ha ezt egy agysérülés is nehezíti, a leépülés még rosszabb is lehet. Hogy tovább játsszunk a hasonlattal: Virág nem a start mezőre lépett vissza, hanem több kört tett meg visszafele. Ugyanis ő nem csak legyengült, nem csak izomtömegét hagyta el, de csontjai is elkezdtek visszafejlődni. Csontosodás, ezt a szót kellett megemésztenünk. Az ízületek befeszülnek, a csontok összenőnek. Nem tudod behajlítani a karod, térded, csípőd stb. Előbb kissé nehézkes, aztán egyre inkább, aztán egyszer csak beáll véglegesen. Persze nem tudják a folyamatot pontosan leírni. Valószínűleg, talán, bizonyosan... Szóval nincs igazi magyarázat, így tuti ellenszer sem. Rendre, lassan minden beáll, marad egy bizarr feszület. „Mi lesz ebből, Istenem? Hol van ennek a vége?" Az idő elleni tehetetlen harc gyorsan kétségbeesésbe és depresszióba sodorja az embert. Főleg ha valakinek lételeme a kontroll. Mint nekem is. Aki nem tudja elviselni, hogy nincs mit tenni. Csak hinni, remélni, és szeretni. Nagyon szeretni. És ápolni. Mindennapos rutin, emésztő feladat, de alapvető. Anyukája vállalta ezt a feladatot. Menteni, ami még menthető, óvni a státuszt. És persze emberséget őrizni. Bekenni bőrét kedvenc krémjeivel. Levágni a körmét. Kedvenc ételeit leturmixolni és beadni a pegen keresztül. Megfésülni azt a három szál haját. Méltósággal viselni a próbát.

## Kranioplasztikusan

De nem maradt sok időnk elmélkedni, jött a következő feladat. Még ki sem panaszkodtuk magunkat tehetetlenségünk negatívumai miatt, máris jött a súlyos döntés terhe. Mi legyen Virág fejével.

A baleset közben Virág koponyája nagymértékben sérült és szennyeződött. Tenyérnyi felület veszett el, részben a helyszínen, részben a műtét során. Ez segítette a túlélésben, viszont hosszú távon nem fenntartható. Az esztétikai része a legszembeötlőbb, de talán legkisebb szempont. Fején a bőr sátorponyva-szerűen hol kiduzzadt, hol behorpadt. Az agyvíz löttyent hol erre, hol arra, testtartás, folyadékbevitel függvényében.

A nagyobb probléma az agy mozgása. Leegyszerűsítve (csak a szemléltetés kedvéért, orvosi pontosság nélkül): nincs meg a kemény burok, így az agy el is hagyhatja helyét, ha egyszer úgy dönt. Nem értettük a dolog anatómiáját, de logikusnak tűnt, hogy ez nem egészséges állapot. Szóval műtét. Kranioplasztika, azaz a koponya csontozatának helyreállítása.

És akkor jöttek a döntések. Kemény, komplex, megoldhatatlan feladat. Hol? Ki vagy kik? Mikor? Milyen sorrendben?... Kérdések hosszú sora, egy életet jelentő döntés, és egy férj és egy anya, aki nem érti, miről beszélnek az orvosok a fejük fölött. A döntést még nehezebbé tette, hogy nem saját magunkról kellett dönteni. Én életem, én döntésem – nem mindig egyszerű, de legalább tiszta ügy. Itt viszont más életéről szólt a döntés. És nem bárkiről beszélünk. Lányom, feleségem élete. De szerencsénk is volt a szerencsétlenségben. Ismét. Persze ha van ilyen, hogy szerence. Nem hangzik jobban, hogy Isteni gondviselés? Szóval szerencsénk volt, mert türelmes és nyitott sebésze lett Virágnak. Akit nem sértett hírnevében a konzultáció más orvosokkal, és aki tudott időt szorítani a dolgok elmagyarázására. Ha kell keményen, ha kell konyhanyelven, de újból és újból, ahányszor szükséges. A másik szerencse, ha az embernek vannak igaz barátai. Nekünk voltak, rögtön akadt alternatív megoldás, más kórház, más idegsebész. Más elmélet. Nehezen, de sikerült a döntést két útvonalra szűkíteni.

Az egyik úgy szólt, hogy Virágot átvisszük, az országosan egyedüli kórházba ahol ilyen műtétet állami támogatással el lehet végezni, új orvosok – új környezet, agyvízét bevezetik a gyomrába egy speciális módszerrel, aztán megpróbálják bezárni a koponyáját. A sorrend fontos, az agyvíz elvezetése előtt hozzá sem lehet nyúlni. Pontos ajánlást csak akkor tudnak tenni, amikor a beteg már az osztályukon fekszik, külsős helyszíni vizsgálatra nincs lehetőség. Az ilyen műtétekre hosszú várólista van (hiszen neves professzorról van szó, és országos intézetről), trükkös módszerekkel lehet rajta rövidíteni, de mindenképp

még 3 hónap. Addig rehabilitációs intézetet javasolnak, azt minél előbb el kell kezdeni, ha nem késő máris.
A másik módszert Virág eredeti kezelőorvosa javasolta. Van egy külföldi orvos, aki Magyarországon, magánúton készít koponya implantátumokat, elvégzett már vagy nyolcat sikeresen. Virág kezelőorvosa ismeri őt, jónak tartja, de együtt még nem dolgoztak. A műtét helyben lenne, Virágot nem kellene mozgatni sehova, felelősség is a kezelőorvosáé marad. 2 hónapot kell várni, magára az implantátumra. Amiért fizetni kell, nem kis összeget (akkori átlagfizetés négyszerese). Addig szó sem lehet rehabilitációról, elmozdulhat az agya, bele is halhat (védősisak ide vagy oda). Agyvízhez nem szabad nyúlni, a koponya bezárása után majd kiderül helyreáll-e a keringés vagy sem. Ha nem, majd csak akkor vezetik el.

Rengeteg ellentmondás. Laikusan átgondolva csak egyetlen következtetése lehet az embernek: 50% esélyem van, hogy valamivel megölöm a feleségem. De legalábbis életre szóló károsodást okozok neki.

A döntést tovább bonyolítják ilyenkor az ösztönös emberi kételyek. Kiben bízhatok meg? Vajon nem csak a pénz vezérli az orvost és azért ajánlja ennyire a fizetős megoldást? A másik orvos meg nem csak rutinműtétként látja ezt a dolgot és futószalagon „lenyomja" a speciális igények figyelembevétele nélkül? Ha Virág meghal a műtőben, kié lesz a felelősség? És így tovább, és így tovább...

Így jut el az ember arra a felismerésre, hogy valakinek fel kell oldania ezt a terhet. Nyílván azoknak, akik előidézték. Így megkértük az orvosokat, beszéljenek egymással. Mindenki óvott ettől a verziótól, nehogy valamelyikük megsértődjön, de mi belevágtunk. És kellemesen csalódtunk, vállalták, beszéltek. Aztán megegyeztek, hogy kitartanak eredeti verzióik mellett. Szóval gálán, de nem vagyunk semmivel se jobb helyzetben. Húztuk az időt, képtelenek voltunk meghozni egy ilyen 50% esélyes döntést. Végül ránk szóltak az orvosok. Ebben egyetértettek. És lássuk be, igazuk volt. Ha nem teszünk semmit, úgy az 50% hónapokon belül elmehet 100%-ig. A negatív irányba. Se műtét, se rehabilitáció, se semmi, ott fog elfogyni a fogyó holddal. Szóval döntöttünk. Imádkoztunk, kértük az iránymutatást, aztán egy reggelen hirtelen meghoztuk a döntést. Családi vita sem lett belőle, édesanyjával ugyanarra a következtetésre jutottunk. Kezelőorvosára hallgattunk. Ő ismeri a konkrét esetet. Csúnyábban fogalmazva, ő már turkált Virág fejében. Ő tudja pontosan, hogy mit hagyott ott. Rábíztuk magunkat.

Megismertük a külföldi dokit is. Érdekes figura, nem hasonlítható semmihez, amivel addig találkoztunk a baleset óta. Szabad szájú és szabadgondolkodású ember. A szájában szivarral hangosan káromkodó főorvos nem megszokott látvány. Nem így képzeli el az ember azt az orvost, aki majd megmenti a feleségét. Először meg is szeppentünk. Biztos így akartuk mi ezt? Biztos nem akarunk visszalépni? De amint több időt töltöttünk vele, megismertük a felszín alatti embert. Legalábbis néhány részletében. Az első pozitív változás az volt, hogy kiderült, egy istenfélő emberről van szó. Ez az első benyomással sem passzolt, de talán még kevésbé a professzorok világával. A tudomány és hit konfliktusának feloldása ez az ember. Egyfajta feloldása. A másik hatalmas változás számunkra a pozitív gondolkodásmód volt. Ő volt az első orvos aki pozitív dolgokat tudott és mert mondani nekünk. Aki merte vállalni nézeteit és képességeit, és nem politikázott. Elmondta azt is, hogy veszélyes műtét, hogy bele lehet halni a műtőasztalon. De azt is, hogy milyen fejlődést lehet elérni ezzel a beavatkozással. És, hogy ő mindent meg fog tenni, eddig mindig jól sikerült, most sem lesz ez másként. Mi imádkozzunk Virágért, vegyük őt körül sok-sok szeretettel, és bízzuk rá a többit. Végre valaki, aki a mi nyelvünket beszéli! Megnyugodtunk. Jó döntés volt. Egyesek szerint túlságosan is megnyugodtunk. Hisz Virág meg is halhat. Ott a műtőben. És még mindig ott vannak az ellenérvek a másik orvos részéről. Persze féltünk is mindettől. Remegve féltünk. Próbáltam felkészülni erre a lehetőségre is, de rájöttem ismételten, hogy ez felfoghatatlan, nem lehet rá felkészülni. Marad hát az orvos tanácsa: hinni Istenben és kérni kegyelmét, hinni a szeretet erejében, és hinni az orvos szaktudásában.

A műtét reggelén aztán persze minden borult. Hogy lehet több hónapos harc után csak szimplán elengedni feleséged kezét?! Hagyni, legyen, aminek lennie kell, akár a halál is... „Istenem, nem lehetsz ennyire kemény! Nem hagyhattad, hogy túlélje a balesetet meg az azt követő hónapokat, és most hagyod meghalni! Nem ölheted meg őt ennyi szenvedés és fejlődés után!" Háborgott a lelkem, de persze csak félt. Előjöttek a baleset napján átélt érzések, az intenzív osztály rémálmai. Háborogtam, mint egy sarokba szorított vadkan.

A Bibliám. Hozzá fordultam, onnan kértem az utolsó segítséget. Lehet ott kellett volna kezdenem? Elhatároztam, hogy minden szabad percemet, amit fölösleges vívódásra használhatnék, ezentúl imával és a Biblia olvasásával töltöm. Egyszerűbb. Tényleg az.

A másik fegyverem is bevetettem, a Szeretetet. Átöleltem Virágot, ahogy csak bírtam, elmondtam neki mennyire szeretem, és mennyire várom vissza. Mosolyogva. Csak annyit kértem tőle, hogy mosolyogjon, mikor kihozzák a műtőből. A mosoly majd mindent megold, a szeretet mosolya. Mi majd imádkozunk érte, Isten ott lesz vele, és lélekben mi is. Nem tudtam érti-e, felfogja-e. Nem tudhattam. De el kellett mondanom.

Aztán meglepetésszerűen előbukkant egy titkos fegyver is. Olyan, amilyenre soha nem számítottam, ami hirtelen sehogy nem passzolt világképemmel. Szomszédunk hívott fel. Már a baleset napja óta mellettünk álltak, rengeteget imádkoztak Virágért, és gyakorlatias dolgokban is sokat segítettek. Szóval a hívás önmagában nem lepett meg. De az elhangzottak annál inkább. „Legyetek nyugodtak, rajta vagyunk az ügyön. Hárman álltunk rá a dologra, én az egyik orvosra vigyázok, feleségem a másikra, és barátunk – aki a legprofibb ebben –"Virágra." ... Nem tudtam értelmezni. Ki csinál mit és kivel?! Szinte semmit nem értettem ebből. Valószínűleg a vonal másik végén is érezhető volt ez, így jött a tisztázás: „Agyban kommunikálunk velük, adunk nekik tudást meg energiát. Ne aggódj, évezredekkel korábban minden ember birtokolta ezt a képességet, csak aztán a civilizáció lemorzsolta ezt rólunk. De mi visszatértünk ezekhez a gyökerekhez, és tudjuk használni Virág érdekében." Én nagyon racionális ember vagyok. És kétkedő. Hiszek Istenben, mint egy tudatunk fölött álló erőben, amit soha nem tudunk megfejteni, akármeddig is fejlődne tudományunk (vagy ha mégis, paradicsomi lenullázás következne automatikusan, kezdhetnénk elölről mindent). Szóval képes vagyok a hitre, de fenntartásokkal és ésszerű keretek között. Akkor, ott, órákkal a műtét előtt úgy gondoltam ez már nem férhet bele az ésszerűségnek általam szabott keretei közé. Ez csak vakítás, jóhiszemű tévhit. De nem akartam megsérteni senkit. Illetve bármilyen parányi lehetőséget eldobni magunktól. Ha a műtét alatt Virágra gondolnak és érte imádkoznak, az csak segíthet, ennyit leszögezhetünk.

Persze ma már tudom, mennyire kishitű voltam. És igen sok hálával gondolok szomszédainkra. Azt nem állítanám, hogy az óta teljesen megváltoztam – továbbra is kétkedő vagyok, és továbbra is keresem az ésszerű magyarázatokat. De már vak sem vagyok. Már tudom, hogy több van körülöttünk, mint amit tudományosan meg tudunk magyarázni. Egyelőre legalábbis. Vagy talán még pontosabban – most épp abban az időszakunkban vagyunk, amikor ezeket nem értjük. Sok ezer évvel ezelőtt lehet ez nem így volt... Szóval érdemes nyitott szemmel és szívvel járni!

Hosszú várakozás után pillanatok alatt gyorsult fel minden. Jöttek Virágért, bevitték a műtőbe, elbúcsúztunk tőle, emlékeztettem a hit és szeretet erejére, és várakozó módba léptünk.

Hosszú órák voltak azok. Emésztő, talán túl sok is lett volna ha nincs ott a Bibliám. De így már könnyebb volt. Mindenképp könnyebb.

Aztán kihozták. Nem tudtuk, hogy sikerült, de hozzák, tehát életben van. A halálfélelem annyira rám nehezedett, hogy minden más opció teljesen elfogadhatónak tűnt. De ha még lettek volna is kételyeim, gyorsan szertefoszlottak. Rám mosolygott!!! Látszott rajta mennyire megviselte az egész, pszichésen és fizikailag legyengültnek láttam. És valószínűleg nagy részét fel sem fogta. De a lényeget már igen: teljes szeretetével rám mosolygott!

*Csodaváróban*

A műtétet mindig nehéz órák követik. A súlyos műtéteket mindenképp. Ezt most már tudom, jó néhány műtét távlatából. Akkor még persze meglepődtem ezen, azt hittem máris jöhetnek a rokonok a nagy csokor virágokkal, mindenki mosolyog, és még lehet felívelő zene is megszólal a háttérben... Szóval most már tudom, hogy mindig rossz jön – a legtökéletesebben sikerült műtét után is. A műtét nem más, mint egy brutális beavatkozás a szervezet zárt rendszerébe. Jó szándékú, szerencsés esetben hasznos, és remélhetőleg gyorsan, pontosan, tehetségesen elvégzett intrúzió. De attól még erőszakos marad, felborít egy zártkörű rendszert. A szervezet reagál hát. Hányinger, vérnyomás ingadozás, vizeletproblémák stb., stb. Mindenkinél más, illetve beavatkozás függvényében is változó, de soha nem automatikusan jó.

Virágnál sem volt ez másként. Ráadásul nála a szervezet legkritikusabb pontjához nyúltak. A zárt szerkezet karmesterét babrálták. Márpedig ha a karmestert megzavarjuk, a zenészek is összezavarodnak. És mindez egy legyengült szervezetben... Megzavarodott karmester középszerű zenészek között... Furcsa napok voltak ezek. Leesett egy nagy kő a szívünkről, túlvoltunk azon, amitől legjobban féltünk – talán életünk addigi legnagyobb félelmét győztük le. Közben persze láttuk a szenvedést is, a műtét velejáró komplikációit. És mindeközben meg várakoztunk – vártuk a beígért csodát, a nagy felépülést.

Csoda helyett egy újabb műtétet kaptunk. Virág fejbőre nem értékelte a babrálást, ő nem akart igazodni az új szabályokhoz. Vizenyős lett, majd kifakadt, véres-nyálkás folyadék távozott, és maradt helyében egy tátongó lyuk.

Amit sürgősen el kellett varrni. Így még mielőtt kipihentük volna a nagy sorsdöntő műtétet, mielőtt eljött volna a beígért csoda, már megint a műtőbe kellett kísérnünk Virágot. Azt mondták könnyű műtét lesz. Aztán 2 óra múlva izzadt fejjel jött ki a sebész. Akkor tanultam meg, hogy a könnyű beavatkozástól félni kell. Lehet csak simán az emberi tényező miatt. Hisz én is ilyen vagyok – megkockáztatom, mindannyian ilyenek vagyunk. Másképp ébredünk reggel ha fontos tárgyalás vár ránk, ha az „ország tortáját" kell megsütnünk, ha nagy közönség előtt fogunk beszédet tartani, ha az elnöknek fogunk aznap ruhát szabni – vagy ha nehéz műtétre készülünk... Talán ez a csavar benne, a nehéz feladatra rákészülünk, így könnyebbé válik. A nagy hegy lábánál a hegymászó hosszasan készülődik, felszereléséből a legjobbat készíti elő, testben és lélekben felkészül. A könnyű dombnak meg csak simán nekivág. Aztán ha mégis szembetalálja magát egy nehezebb akadállyal, már csak tapasztalatára hagyatkozhat, a felkészülési idő, a jó felszerelés otthon maradt. Hasonlóan lehet ez a sebészekkel is. Hasonlóan történhetett azon a reggelen is, amikor a „mi" sebészünk bejött erre a rutinműtétre. Aztán gyorsan a nagy szakadék előtt találta magát. A bőr letapadt a koponya csontozatára, úgy tűnt nem tudja felszedni sérülés nélkül. De szerencsénkre (szerencse...?!) a tapasztalat és az ösztönök jól dolgoztak. „Ugye, ugye, milyen jó döntés volt erre a sebészre bízni Virágot!" Elégedettek voltunk, döntésünk bevált. És ez a megelégedés elfedte a komplikációk bonyodalmait.

    Túl vagyunk rajta. „Na de hol a csoda?" Nekünk csodát ígértek, amit mi azonnal követelünk. Persze az orvosoknak nem mertünk mondani semmit, de hát egyértelmű volt mire számítottunk. Türelmetlenül, természetesen.

Végül nem is kellett sokat várni. Néhány napon belül megváltozott az életünk. Végérvényesen.

*Isten hozott vissza közénk!*

Házassági évfordulónk volt. Vegyes érzelmekkel ébredtem aznap reggel. Egyrészt ugyebár megértük ezt a napot is. Együtt. Most már tudom ennek a szónak az igazi értelmét. Megérni valamit, amit mindig adottnak hittünk, de most már ajándékként kezelünk. De egyúttal – lássuk be – nem is örülhettem felhőtlenül ennek a napnak. Néhány évvel azelőtt, amikor boldogan és önfeledten álltunk az oltárnál, nem ezt a folytatást képzeltük el. A holtomiglan-holtodiglan időkereteit valahogyan évtizedekben gondoltuk, nem években. Most itt állok egy nő mellett (bár nőiesség jelei csak nyomokban), aki ki tudja mit ért vagy érez ebből a valóságból, ki tudja mit és hogyan él meg mindebből, és... ki tudja képes lesz-e valaha feleségem lenni. Mert szép – és fontos! – dolog a hűség, de legyünk csak ismét őszinték így magunk között: a férfi, amikor menyasszonyát az oltár elé viszi, elképzel egy jövőképet új családjának. Talán a klasszikus gyerekek-kertesház-kiskutyák ideált, talán valami mást, de mindenképp egy konkrét tervvel teszi meg ezt a nagy lépést. Társra vágyik, akivel megoszthatja mindennapjait – örömeit, bánatait, félelmeit, terveit, álmait. És mindezt viszonozni is akarja. Társ akar lenni, osztozni akar felesége örömeiben, bánatában, félelmeiben, terveiben... De Virággal ez *most* lehetetlen. Nem tudom megért-e bármit is a világból, nemhogy álmaimról meséljek neki. De támasz sem tudok lenni, legalábbis érzelmi síkon nem. Hisz nem tudom mire vágyik, mire gondol.

Aztán gyorsan félreteszem a melankolikus nosztalgiázást, és visszakanyarodok eredeti receptünkhöz. A gyökerekhez, kapcsolatunk alapjaihoz. Mindig azt hittük ez segít, hát most sem tudok jobbat. *Szeretni egymást, és kérni Isten áldását erre a szeretetre.* Egyszerű, és nem mai gondolat. Nem is eredeti, a Bibliában talán minden oldalon szó van róla így vagy úgy. De megtartani, az már nehezebb – főként ilyen helyzetekben. Szóval úgy vágtam bele a napba, hogy ez legyen egyetlen vezérfonala. Imádkozni és Virágot elárasztani szeretetemmel.

Na de hogyan? Ajándékot vásárolni sokszor nehéz feladat. Már ha őszintén gondoljuk, és szívből szólót keresünk. És én csak úgy szeretem. De mit lehet ajándékozni egy ilyen állapotú betegnek? Meggyógyítani nem tudom – bár csak tehetném! Másra meg nincs szüksége. Hirtelen triviálisnak és groteszknek éreztem minden régebbi ajándékomat. Ékszerek, fényes vacsorák, nagy utazások, csinos ruhák, hatalmas csokrok, és még ki tudja, mennyi minden tűnik egy-egy házassági évfordulón az ideális ajándéknak. És önmagukban nem is rosszak, hiszen mind-mind kedves gesztusai a szerelmünknek. De ilyenkor mit sem érnek. Ahogy azóta megtanultam (nem tudom ki írta le először, de több mint eltalált): koporsóhoz nem lehet utánfutót kötni. Mit sem ér egy-egy ajándék, ha nem társul hozzá érzelmi töltet. Valós érzések. Töltögessük csak az utánfutót, persze, csak vigyázzunk, hogy ne semmitmondó vacakokkal teljen meg az út végére. Szánjuk rá az időt és érzelmi energiát, hogy értelmet adjunk az utánfutó tartalmának.

Már nem emlékszem végül mit vittem Virágnak. Milyen csokor (mert valami virág biztosan volt), milyen fizikai ajándék. De az ő ajándékát soha nem fogom elfelejteni. Soha míg élek. Közeledett az este, a búcsú ideje.

Megkértem énekeljen velem. Szülinapunk alkalmából. „Boldog szülinapot, boldog szüli...." És csatlakozott! Folytatta velem az éneket! Megszólalt! Tud beszélni! Hihetetlen érzés volt. Ma is végigfut rajtam a hideg, ha visszagondolok arra a pillanatra. Ott állok ágya mellett, fogom a kezét, és ő velem énekel. Évfordulónk alkalmából. Maga a csoda. És a legszebb ajándék, mit valaha kaptam. Mit valaha kaphatok.

Áténekeltük az estét. Régi, egyszerű gyerekdalokkal próbálkoztunk, amelyek nagy részét tudta. Tudta a dalokat! Aztán imádkoztunk. Hálát adtunk, már nem is annyira a házasságunkért, mintsem ezért a csodálatos estéért. Vagy lehet, összefügg?... Imádkoztunk, és ő tudta a Mi Atyánk-ot. Végig.

Megrendült a világ. Sarkából fordult ki. Itt már senkit nem érdekelt a kórházi pesszimizmus, a kilátások, a múlt vagy a jövő. Boldog könnyek közt hagytam el a kórház épületét. „Beszél! Nem értitek? BESZÉL!" Közel voltam hozzá, hogy minden járókelőnek elmondjam a nagy hírt. Szerencséjükre későre járt már az idő, nem volt senki a kórház körül. Így csak a rokonok, ismerősök kaptak az örömujjongásaimból (még szerencse, hogy feltalálták azt a csodás mobiltelefont). „És az még semmi, hogy beszél, de emlékszik is! Énekekre, imákra. Sőt, most már láthatjátok, hogy felfogja mi történik vele és körülötte - hiszen nem egy bármelyik napon szólalt meg, hanem épp az évfordulónk napján."

Másnapra persze lehiggadtam valamelyest. Virág valójában nem beszélt, csak bizonyos mélyen rögzült szövegeket volt képes visszaadni, eléggé artikulátlan formában. Még korai lett volna beszédre hivatkozni. Még semmit sem tudtunk volna megbeszélni vele. De a tudóst is hite és meggyőződései hajtják tovább kísérleteiben, és minden egyes fél siker vagy sikerre utaló jel csak tovább fokozza meggyőződését, hogy egy napon majd csak sikerül bebizonyítania felvetését. Így voltam ezzel én is. A puszta tény, hogy Virág visszatért közénk, elegendő volt számomra ezen a ponton. Mert hát persze, hogy visszatért. Emlékei vannak, felfog valamit környezetéből, és valamelyest reagál rá. Első kommunikációs jelnek kitűnő.

Ezután megváltozott minden Virág kezelésében. Lassan elkezdtek jönni a szavak is, most már hanggal tudta jelezni alapvető problémáit, szükségleteit. Ez nagyban megkönnyítette ápolását. Önbizalma is egyre növekedett, egyre több szóval, hanggal próbálkozott. És mindeközben elindult egy párhuzamos folyamat is. A csoda, amit az orvosok ígértek. Lám-lám, a sok pesszimizmus és borúlátás közepette mégiscsak tudnak ők is hinni a csodákban. Működik is. A koponya bezárásával az agy régi-új szituációba került. Hónapokig volt szabadon, biztos burok nélkül. Most viszont végre visszakapta régi stabilitását. Az orvosok magyarázták a lezajló biológiai folyamatokat – a helyreálló agyvízkeringést, az ödéma eltűnését, az agy addigi elmozdulásait stb. Nehezen érthető és követhető témakör ez (hisz az orvosok között is szintnek számít az agysebészet), de a lényegét lefordítottam magamnak. A természet szereti ha békén hagyják, ha végezheti dolgát, abban a rendszerben és körforgásban, ahogy a Teremtő megálmodta és megalkotta azt. Ezt a rendszert a baleset becsapódása és az azt követő események – műtétek, vérzések, ödémák – megzavarták. Kibillent egyensúlyából, ettől szenvedett, és károkat okozott. Most az ember – a sebész – beavatkozott. Mert tudunk mi pozitívan is beavatkozni a természet rendjébe, tudjuk őt segíteni is a természetes körforgás helyreállításában. Beavatkoztunk, de úgy, hogy visszaállítottuk az eredeti rendszert, és a folytatást

45

rá bíztuk. Nem vittük túlzásba a beavatkozást, nem akartuk mi megteremteni a rendszert, nem akartunk agyvizet elvezetni, csöveket dugdosni. Csak segítettünk visszaállítani a természetest. A többit elvégezte ő maga. Már-már látom lelki szemeim előtt, ahogy Virág agya fellélegzett amikor végre ismét visszakapta megszokott környezetét. Mi is örülünk amikor végre hazaérünk egy hosszas, nehéz útról, nemde?

Ez a kényelmében lubickoló agy aztán egyre ontotta magából a kellemes meglepetéseket.

*Rehabilitáció*

2 hét múlva már a rehabilitációs intézetben voltunk. Virágot tolószékbe ültették, tudtuk szájon át is etetni (bár a peg továbbra is rendszeresen emlékeztetett helyzetünkre). Aztán jött az első lábra állítás, a tornák, a mosolyok. Még ugyanabban a hónapban odatarthattuk a telefont a füléhez, és nagymamájának elmondta, hogy imádja. A csoda beteljesült.

Vagy mégsem?

Az átlagos kiegyensúlyozott mai ember – így mi is – folyamatosan spiritualitása és materializmusa között őrlődik. Nézzük csak meg a sikerlistás könyveket, a bestsellereket gyártó írókat. Receptek a sikerre, a földön, a menyben, vagy neadjisten egyidőben mindkettőben. Receptek a megoldhatatlanra. Elértük a szintet, amikor már látjuk, hogy a fogyasztói társadalom nem (volt?) jó megoldás. Nem hagy időt az elmélkedésre, Isten megtalálására, önmagunk megismerésére, az élet apró örömeinek élvezetére. Ezt már tudjuk. De nem tudunk mit kezdeni ezzel a tudással. Néha-néha rákanyarodunk erre az útra, de aztán mégis mindig azon vesszük észre magunkat, hogy már megint a „régi" utat járjuk. Hiszen spirituális találkozás ide vagy oda, mégsem lehet hagyni, hogy házunkat elvigye a bank, gyerekünk ne járjon iskolába... de még karrierünk, szakmai sikereink sem veszhetnek el a lelki béke ködében.

Hogy kerül ez ide? Jogos kérdés. Nem is tudom. De csak erre tudnám visszavezetni akkori érzéseimet. Csoda történt Virággal, és mindannyiunkkal körülötte. Egyértelmű. Nem is hit kérdése, már-már önmaga a mindenek fölött álló bizonyíték. Legszkeptikusabbak sem kételkedhetnek már, annyira tiszta és egyértelmű, maga a színtiszta csoda. De elég lesz ez a boldogsághoz? Lássuk be: nem. Pedig az kéne, legyen, hiszen a csoda automatikusan hozza magával a boldogságot. Vagy nem? De, persze. A spirituális dimenzióban. Őszintén örültünk annak, hogy Virág köztünk van. Immáron nem csak mint vegetáló szervezet, de mint érző emberi lény, mint a *mi* Virágunk. De ha ennyire őszinte ez az öröm, miért nem vagyok elég boldog? Talán mert nem tud mozogni? Talán mert nem tudom megbeszélni vele milyen jól sikerült a mai napom? Mert nem oszthatom meg vele mennyire szépen virágzik a kertünk? Mert nem tudom lesz-e kivel élveznem a házat, aminek a hiteléért dolgozom? Mert nincs gyerek, akinek az iskoláztatásáért gürcölnöm kellene? Vagy, csak mert látom, mennyire szenved? Tényleg, ő, Virág, vajon boldog? Boldog, hogy életben van? Hogy megúszta? Hogy ő maga egy élő csoda? Tudja egyáltalán a csoda, hogy ő maga a csoda?

Az események zajlottak, de én nem tudtam tartani velük a lépést. Túl nagy lehetett a kezdeti sokk. Vagy csak túl intenzívek az események. Vagy csak egyszerűen túl hosszú ideig volt a szervezetem – a lelkem, az agyam –

kitéve mindennek. Jóbarátom mondta, „maraton áll előtted, de te folyamatosan úgy teszel, mintha a 100 méterest futnád".

Nem tudtam mit kezdeni a helyzettel, sokkal több volt a kérdés, mint a válasz. Így aztán – mikor ismerősökkel, barátokkal futottam össze – rettegtem is mindig a kérdéstől, hogy jól vagyunk-e. Mindenki (számomra kicsit meglepő módon, de kivétel nélkül mindenki) őszintén és jóindulattal tette fel a kérdést. Megérintette őket. Nem akartam hát senkit megsérteni. Nem akartam rájuk ripakodni, hogy „Nem tudom!!!". Vagy csak pestiesen visszakérdezni, hogy „szerinted?!". „Jobban". Ezt a formulát találtam ki. Ez így igaz is, és ezzel be is fejezhetjük.

Istennel is hasonlóan voltam. Tudom, hogy fölösleges beszélgetnem vele, hisz úgyis tudja mit mondok majd, de mégis leálltam alkudozni vele estéről estére. Hálás voltam. Őszintén, tiszta szívemből (Vele úgysem lehetne másként ugyebár). Megmentette életem szerelmét a halál szájából. De lehet ugyanilyen őszintén félretenni a mágikus „miért?" kérdést? Vagy a „most mi lesz" ismétlését? Hinnem kell benne. Megmutatta mekkora csodákra képes!

*"Mert bizony mondom néktek: Ha akkora hitetek volna, mint a mustármag, azt mondanátok ennek a hegynek: Menj innen amoda, és elmenne; és semmi sem volna lehetetlen néktek."*
*(Jézus példabeszéde, Máté 17:20)*

## Második fázis: Idegjáték

### Műtétek – a halál nyomasztó gondolata

A rehabilitáció műtétekkel indult be igazán. A kezdeti „klasszikus" próbálkozások nem vezettek sehova. Értelmi munkát nem lehet végezni vele, hisz percről percre elfelejt mindent. Fizikailag szintén nem fejleszthető, hiszen minden ízülete csontosodott. Ez egy fura – és mint megtudtam még mindig rejtélyes – betegség (újabb zárójel: én meg azt hittem a 21. századra mindent megoldottunk mi tökéletes emberek...). Arról van szó, hogy a tudatos mozgás hiányában és az agy bizonyos (de mely?...) funkcióinak kiesése folytán az ízületekre csontszövet rakódik le, amely idővel ellehetetlenít minden mozgást. Fontos, hogy több feltételnek kell teljesülnie ehhez – például megismertünk olyan embereket is akik 2 év mélykóma után sem küszködtek ezzel a problémával, de Virágnál már néhány hét után beindult ez a folyamat. Minden passzív tornáztatás mellett. És azt is fontos kiemelnem, hogy tényleg minden mozgást lebénít ez a lerakódás. Az izmok megfeszülnek, a mozgás beindulna, de mégsem történik semmi. Mintha kalodába zárnák az ember kezét. Így persze önálló cselekvésekről – vagy egyáltalán önállósodási folyamatról – beszélni sem érdemes. És ráadásul minden olyan komplikált

lesz tőle. Próbáljunk csak meg beülni egy autóba úgy, hogy egyik lábunkat nem tudjuk térdből behajlítani. Vagy megfésülködni úgy, hogy könyökünk csak mondjuk 30 fokot hajlítható. Vagy megtörölni az orrunkat. Vagy elhessegetni egy legyet az arcunkról...
Gyógyszeres kezelés erre nincs. Műtéti beavatkozás kell, minden egyes ízület egy-egy műtét. Amit persze nincs szervezet, ami kibírna egyidőben. Tehát lassan tudunk csak haladni, és prioritási sorrendben. Az első szempont, hogy fel lehessen állítani a lábára. Mindegy hogyan, csak legyen függőlegesen (ezt állítópaddal oldják meg, mint később megtudtam). Mert a függőleges testtartás a természetes immáron pár évezrede. És ami a természetes, az a legjobb. Aztán következik a bal könyök, hogy legalább egyik kezét használhatóvá tegyük. Aztán a csípő, hogy ülni tudjon. Aztán... Hosszú a lista, és még hosszabb az időtáv, ami társul hozzá. Minden egyes műtét hónapokat jelent. A csontlerakódás eltávolítása után az inakat is meg kell nyújtani, hiszen azok időközben hozzászoknak a lusta világhoz. Kemény tornáról beszélünk, már-már kínzó fájdalmakról. Ehhez idő kell, a szervezetet nem lehet túlterhelni.

Felkészültünk hát egy több éven át húzódó műtétsorozatra. Próbáltuk vigasztalni magunkat, hogy nincs más út, most már csak előre mehetünk. És örüljünk, hogy életben van. És örüljünk az apró fejlődéseknek. Persze könnyebb megfogadni, mint betartani. Óhatatlanul jönnek a kételkedő kérdések. „Miért kell a súlyos baleset után még ez is?!" „Másnál ez miért nem jelentkezik?!" És a többi, és a többi... Semmi értelme a hasonlításoknak, nyílván, de az ördög sosem alszik az emberben. Nem is baj ez, edzésben tartja az embert. Csak ne engedjük soha felülkerekedni!

Eljött a műtét napja. Lábfejek kiegyenesítése (hosszú fekvés után lólábnak „becézett" probléma lép fel, a lábfejek előre hajolnak, és többé nem lehet őket visszahozni 90 fokos szögbe – ami ugyebár a természetes állapotuk...). Annyira bele voltunk merülve a hosszú távú esélylatolgatásba, hogy hirtelen zúdult ránk az itt és most. Hirtelen azon kaptam magam, hogy amíg én a 2, 3, 4, ki tudja hány évvel későbbi dolgokon variálok, addig Virág itt és most műtőasztalra kerül. Altatás, vágás, és minden egyéb életveszélyes művelet. Alapjáraton is életveszélyes, hát még egy legyengült, kommunikálni nem tudó, a világból ki tudja mit értő szervezet számára. „Ezen a ponton is elveszíthetem még?!" Villámként csapott belém a kérdés. Rádöbbentem, hogy amíg én a jövőt elemezgetem, addig itt a jelenben Isten ismét felkavarhat mindent. „Csak rutin műtét lesz, legyenek nyugodtak." Hisz mindig az, legalábbis az utolsó pillanatáig, amikor elkezdődik a jól bevált pesszimizmus. Meg hát mi már megtanultuk ezt a leckét. Emlékszünk a rutin beavatkozás mennyire megizzasztotta az idegsebészünket.

Izgultam hát aznap reggel. Féltem.

Mikor Virágot megláttam, egy csapásra elmúltak gyomorgörcseim. Szemvillanás alatt jutott eszembe jó öreg alapszabályunk: hinni Istenben és egymás szeretetében. Rám mosolygott. Talán ezért nyugodtam meg ilyen gyorsan. „Ígérd meg, hogy így is jössz ki, mosolyogva!" Nem tudtam érti-e. Úgy éreztem, nem ért semmit az egészből. Lehet, hogy érzi, ahogy az állatok ösztönösen megérzik a bajt. De nem érti. Talán jobb is, elég, ha mi emésztjük magunkat. Vagy lehet, csak nem tudja elmondani, kimutatni, hogy mennyire fél?! És valójában belül teljes rémületben van? És csak azért mosolyog, hogy minket nyugtasson? (Mert ő ilyen!! Maga a színtiszta szeretet.) Furcsa dolog ez az afázia. Olvastam egy férfiről, aki 10 év hallgatás után tudott megszólalni – és akkor megdorgálta családját, hogy 10 éve beszél hozzájuk folyamatosan, és ők nem figyelnek rá. Az agy trükkös képzetekre képes – szegény azt hitte, hogy beszél, pedig kívülről semmi nem látszott-hallatszott. Borzasztó érzés lehet, valami olyasmi, mint amikor rémálmainkban tehetetlennek érezzük magunkat, majd hirtelen megébredünk verejtékben úszva. Az percekig, vagy másodpercekig tart, mégis borzasztó. De nem 10 éven át!

Jöttek érte. Megszorítottam a kezét, emlékeztettem a szabályra meg a mosolyra, és bevitték. Egyedül maradtam. Ismét. Pontosabban mégsem. Isten velem van. Meg Virág mosolya. A szeretet aranyszabálya.

Hosszúra nyúlt a műtét. Végig alkudoztam közben. Alkudoztam magammal, kételkedő énemmel, ördögömmel, Istennel. A „miért"-ekkel és a „mi lett volna ha" kezdetű – és amúgy teljesen fölösleges, sőt romboló – mondatokkal. Próbáltam hinni és kitartani. Miközben féltem. Sokmindentől fél ilyenkor az ember. A haláltól (aminek számomra legszörnyűbb kivetítése a temetési ceremónia). A magánytól. Az összeomlott álmoktól. Túl hosszú a lista. És fölösleges, mert az ördög diktálja. A hit úgyis töröl minden kérdést.

Akárcsak azon a napon. Amikor kihozták a műtőből. Fáradtan, de mosolyogva. A szabály most sem dőlt meg. A hit és szeretet többezer éves szabálya működött. (Persze, hogy működött, nem is tudom, ez miért lep meg újra és újra.)

Nehéz napok és nehéz éjszakák következtek. Ezt már tisztáztuk korábban is: a műtét után csak romantikus képzeteinkben süt ki a nap azonnal és jönnek a vicces barátok nagy lufikkal. A valóságban a műtét egy erőszakos beavatkozás a természet rendjébe (még ha maximális jószándékkal is). És amíg a természet vissza nem rázódik megszokott körforgásába, addig szenved. Fájdalmakkal, hányingerrel, vizeletproblémákkal, ahogy tud. Hogy ez mennyi idő, az persze változó. Műtét és egyén függvénye. De soha nem marad el, sok frissen műtött embert láttam az elmúlt években, es senkinél sem maradt el teljesen.

Ezt már tudtuk, erre fel voltunk készülve. De a folytatásra nem – ismét nem. Gipszbe tették a lábait, 2 hónapra kivonták a forgalomból. Az amúgy is nehézkes ápolás még nehezebb lett. Fizikailag is, de még inkább pszichésen. Az ember igényli a sikerélményeket. Minden nagy feladat vagy megpróbáltatás után elvárjuk a sikerélményt – vagy legalább az elszenvedett kudarc gyors lezárását. A sportoló is azért küzd a pályán, hogy a játékidő lejártakor önfeledten örülni tudjon. Nem mindig sikerül, olyankor kisírja magát vagy bosszús egy ideig, aztán másnap új erőkkel készül a következő megmérettetésre. De nálunk ez elmaradt. Kudarc sem volt, igaz, de sikerélmény sem. Elhúzódtak az események, és így az élmények is eltompultak. Elmarad a katarzis, a lélek nem töltődik újra. Ismét a rejtett készletekhez kell nyúlni a további erőért és kitartásért. Marad a hit, hogy majd egyszer jobb lesz. És a hála (vagy sovány vigasz?), hogy legalább a kudarc elmaradt, örüljünk egyelőre ennyinek.

Aztán mire ezt a fejezetet lezárhattuk volna, jött a következő műtét – könyök csontosodásának eltávolítása. Mintha lenulláztak volna mindent, kezdtük elölről. A kétségbeejtő tépődést, a hit harcát, a szeretet csodáját. Azt hittem előbb-utóbb ezt is meg lehet szokni. Hogy a műtétek is rutinná tudnak válni. Hisz az orvosoknak, ápolóknak is sikerül, ők már a halált is rutinként élik meg. De amikor szeretteinkről van szó, nem lehet rutinosan megcsinálni. Nekem legalábbis nem ment. Ötödik műtét volt ez (baleset utáni életmentés – kranioplasztika – fejbőr helyreállítás – lábfejek korrekciója – és most a könyök). De mit sem számított. Most is izgultam, most is féltem, most is kételkedtem. De most is velem volt Isten, és most is rám mosolygott Virág. Előtte is, utána is. Na, ezt már meg tudtam szokni!

És még változott valami. Most már bizonyosan tudtuk, hogy Virág megérti, miről van szó, mi fog történni. Láthatóan izgult, és azt mondta „fáj a műtét". Hogy ez eddig is így volt, csak most tudta végre kimutatni, vagy csak most ért el erre az értelmi szintre, az örök rejtély. Akárcsak az, hogy ez a „fáj a műtét" mennyire jelentett mély felismerést. Ismét az állatvilághoz kell visszakanyarodnom. Ha a vágóhídra igyekvő bari el tudná mesélni mit érez, vajon mit mesélne? Mert az látható, hogy nyugtalan. Érzi a veszélyt. De ez csak valami számunkra még ismeretlen univerzális előrejelző rendszer vagy tényleges megértés?

A műtét ismét sikeres volt. Állítólag. Ugyanis a nehéz napok és éjszakák nem maradtak el. A sikerélmény viszont igen. A csontlerakódás már nincs ott, de az inak még rugalmatlanok. Feszíteni, nyújtani kell őket. Majd csak utána lehet sikerekben gondolkodni.

Azt persze nem mondták – nem akarták, vagy természetes rutinnak tekintették, nem tudom -, hogy az inak feszítése laikus számára konkrét emberkínzáshoz hasonlít. Egyszerűen megragadták a kezét, és tiszta erőből feszítették, hogy egyenesedjen. Miközben Virág torka szakadtából ordított. Emberpróbáló feladat. Nemcsak a betegnek, de a gyógytornásznak és a családtagnak is. Igen, a gyógytornásznak is. Tudja, hogy ezzel segít, ezért csinálja. Megpróbál elvonatkoztatni a konkrét esettől, megpróbálja nem hallani a fájdalmas üvöltést. Mert ő tudja – de legalább reméli -, hogy a végén lesz sikerélmény. Olyasféle ez mint a szigorú tanár akit iskolásan még utálunk, felnőtten pedig hálával emlékszünk rá. Csak persze minden felnagyítva és felgyorsítva.

Isten ilyenkor is segít. Ekkor értettem meg, hogy Virág rövid távú memóriája miért közelít a nullához. Miért *kell* közelítenie a nullához. A torna pillanatában üvöltött a fájdalomtól. De néhány perccel később már mosolygott. Elfelejtette. Számára mi sem történt. Másképp bele is lehet bolondulni egy ilyen helyzetbe. Még erős szervezettel is, hát még 5 műtét után. De így nyoma sem maradt. Napról napra fejlődött, az megmaradt, a fájdalmat meg csak mi éltük meg körülötte.

Így volt ez az apróbb dolgokkal is. A kórházi ebédeket még kevesen zárták szívükbe. De Virág igen. Napról napra, újból és újból jött az őszinte és természetes dialógus: „Mit kaptál ma ebédre?" „Rántott husit krumplival". Szobatársai már-már kezdték kiutálni a vélhetően kis protekcióst, mígnem elmagyaráztuk nekik, hogy Virág is csak azt az undorító karalábéfőzeléket kapta krinolinnal... Csak ő másként emlékszik rá...

Aztán végre megjöttek az eredmények is! Sok-sok hónappal a rehabilitáció kezdete után, de megjöttek. Egyrészt a lábműtét beváltotta a reményeket: a függőleges testtartás csodákra képes. Csak ismételni tudom önmagam: a szervezet mindig visszakívánkozik természetes körforgásába, és ha ebben segítjük, igen hálás tud lenni. Függőleges testhelyzetben megváltozik a vérkeringés, az egyensúlyérzet, a világnézetünk. És egy ici-picit önbecsülésünk is. A beteg elhiszi, hogy nem kell örökké ágyhoz kötve maradnia. Hogy lehet ez másként is. Hogy van remény. Közben a másik vonalon is haladtunk. A könyöke egyre nagyobb terjedelemben mozgott. Kínai pálcikákat ragasztottunk kanalára, és így be tudott vinni néhány falatot a szájába. Nehezen, lassan, fájdalommal. Felét kiöntve útközben. De a sikerélmény megvolt! Mégsem örülhettünk sokáig. Csípőműtét. Szintén csontosodás. Azt mondják ez más lesz, mint a könyökénél – az finommechanika, ez meg nehéz fizikai munka. A könyöknél a lerakódást az idegek közül kellett türelmesen és óvatosan kipiszkálgatni. Hogy a beteg ne bénuljon le közben. Itt viszont nincs ilyen veszély. De sokszoros a felület. Véső, kalapács és fizikai erőnlét kell hozzá. Illetve sok vér, ugyanis csípőnk környéke egy hatalmas hajszálér pókháló. Kivédhetetlen az erős vérveszteség, meg sem próbálják. Elnézést, ha profán leszek, de amolyan hentes munkára emlékeztetett ez az egész. Az egész folyosó zengett a kalapálástól, a végén pedig az orvos vérescsontmaradványos köténnyel és leizzadva jött ki. Ezúttal nem az izgalmak verejtékével, hanem a fizikai fáradtság jeleivel.

Persze mi ezt is végigizgultuk. Megalkudtuk Istennel (bárcsak lehetne...), hogy ha már eljutottunk idáig, akkor nem a hatodik műtétnél fogunk megbukni. És ettől jobb lett. De minden más maradt. A félelem is, de a mosoly is. Előtte is, utána is.

Egy dolog mégis változott. Végre nem kellett hónapokat várni a sikerre. Napokon belül működött a dolog. Egyenesen tudott ülni székében, majd előre is tudott hajolni. Kombinálva a könyök további fejlődésével, immáron tudott rendesen ebédelni. El is érte a száját, és tányérja fölé is tudott hajolni. Fájdalmak nélkül, nem kellett többé az emberkínzás sem. Ismét el kellett ismernünk, hogy az élet apró örömei valójában hatalmas csodák. Hogy levegőt vehetünk, megihatunk egy pohár vizet, vagy bekanalazhatunk egy finom anyai levest – mind rutinnak és adottnak hisszük, pedig hatalmas csodák valójában. Később mégsem szabadultunk a műtétektől. Jött a hetedik is (talán hogy meglegyen az isteni szimbolisztika?). Nagy lábujjáról kellett eltávolítani a lerakódást. Ezzel teljesedett ki a kép, így tudott saját erőből is ráállni lábára és egyensúlyát viszonylagosan megőrizni. Az évek távlatából ezt már csak rutin zárógondolatként mesélem. De elhiheted nekem, akkor a folyamat a maga rendje szerint lezajlódott. A félelem, a hit harca, a szeretet csodája.

## Lélek fejlődik, ember alakul

A fizikai fejlődés mellett nem feledkezhettünk meg a Virág lelki és szellemi ápolásáról, fejlesztéséről sem. Persze ez összefügg, nem mai az ép testben ép lélek gondolat. De szintén természetes, hogy mi ezen a fronton is szerettünk volna gyors, hirtelen eredményeket. Hogy már régi önmaga legyen, hogy ezt is meg azt is tudjon megcsinálni. És szintén természetszerű, hogy ez nem így történt. Ha az ember logikusan végiggondolja – azokban a pillanatokban persze ez lehetetlen kérés -, műtétek és szenvedések között nehéz kiegyensúlyozott lelki életről beszélni. De az is legalább ugyanannyira igaz, hogy jó időzítéssel ügyesen be lehet csempészni a lelki-szellemi fejlődés periódusait is. Ehhez nyilván mindent megtettünk. Mi is, a Virágot körülvevő szakemberek is. Legtöbbször sikerrel is. Szerencse, véletlen vagy Isten keze – ezt a témát nem nyitom meg újra, mindenki gondolja tovább belátása szerint.

Érdekes volt látni ezt a fejlődési útvonalat. Egy ember újjászületése. Egy felnőtt ember ismét megéli gyerekkorát. És sokszor a férje az édesapa szerepét is el kell játssza. Érdekes kihívás. Fájdalmas is némelykor, de én mindig a fejlődéstani részét próbáltam megragadni az egésznek. Első gesztusai és megnyilvánulásai az ösztönökről szóltak. Fájdalom és éhség. Egyre ügyesebben tudta értésünkre adni – majd később elmondani –, hogy valami nem stimmel. De soha nem komplex dolgokról, mindig csak az alapvető ösztönös, elemi igényekről volt szó. Ebben a fázisban nincs mit rehabilitálni – pontosítok: nincs kivel. Lehet, még pontosabban kellene fogalmaznom: a rehabilitáció ebben a fázisban inkább állatidomításhoz hasonlítana, és talán ennek megalázó vetületei miatt sem áll neki senki. Mégis segíti a fejlődést. Hisz gondoljunk csak bele, az emberiség is ettől fejlődött. Mai napig is élvezzük azon évezredes egyszerű találmányok előnyeit, melyeket ősapáink az élelemszerzés és fájdalom elkerülés világában találtak ki. Hogy a legtriviálisabbat említsem: ezért van tüzünk.

Így segített ez Virágon is. Mindig műtétek körül fejlődött a legtöbbet. Lelkileg, szellemileg is. Vagy amikor valami gond volt. Első hangjait is a fájdalom közlése motiválta.

Aztán jön a második fázis, a szeretet és ragaszkodás. Ez még mindig nem a gondolatok komplexitásáról szól, nem a világ nagy dolgairól. De mégis a világ legeslegnagyobb dolgáról: a szeretetről. Első összefüggő beszéde a Mi Atyánk volt. Egy hónappal a rehabilitáció elkezdése után lelkészével már próbált imádkozni. Férjének szerelmet vall, édesanyját pedig arra kéri „kicsit szeretgess". Nagyijának meg azt mondja a telefonban, hogy „imádlak mama". Az ösztöni igények viszik előre a fejlődést. De a szeretettől ember az ember. Ettől kap értelmet minden.

Gyorsan át is léptünk aztán a társadalmi fázisba. Amikor már nem csak a közvetlen kapcsolatok érdekelték, hanem a nagyobb összefüggések is. Nehéz megoldani a tojás vagy tyúk kérdést, így azt sem tudnám megmondani, hogy a társadalom fejleszti ki bennünk ezt az igényt, vagy az igény alapból bennünk volt és ezért szerveződtünk társadalmi struktúrákba.

De nem is bonyolódnék antropológiai filozófiákba, lényeg, hogy Virágot szép lassan elkezdték érdekelni az összefüggések. Érdeklődik, hogy mi történt az autójával. Őszintén elmondom neki, hogy totálkáros lett, roncsot eladtuk. „Pedig jó volt... szép volt...".

Romantikus film közben hirtelen elérzékenyül, és lecsordul egy könnycsepp az arcán. Nem tudja elmondani, meg sem próbálja. De láthatóan és egyértelműen tovább gondolta. Gondolkodott! Ez nem ösztön, és nem csak érzelmek. Érzelmek indítják, de tudatosan tovább van gondolva!

Aztán elkezd mások sorsával is foglalkozni. Ezt is a szeretet vezérli, de tovább van gondolva, összefüggések vannak benne. Betegen ültem ágya mellett, mikor sajnálkozó szemekkel rám nézett, és azt mondta „inkább menj haza". Gyermeki megnyilvánulás volt a felszínen, de bárminél jobban esett. Végre törődött velem! Végre megoszthatok vele valamit abból a hatalmas teherből, amit cipelek. Valami ici-picit, de mégis hatalmasat.

*Fejlesztőmunka*

A lelki fázisok fejlődése, illetve a fizikai javulás már jó táptalajt adott a szellemi fejlesztésre is.
Zeneterapeutával kezdtük. Mindig hallottam róla, hogy a zene mennyire jót tesz, kismamáktól nem egyszer hallottam, hogy a pocaklakó babának már Mozartot nyomnak. Félig-meddig el is hittem, hiszen a zenerezgésekről szól, az univerzum meg szintén. Tehát ha jól el van találva a rezgés, könnyedén harmóniát tud teremteni maga körül. És a nagy zenészek mind átlátták ezt, ettől lettek nagyok. Szóval rendben volt ez nálam, de annyira nem vettem soha komolyan, hogy zeneterápiára, mint foglalkozásra gondoljak. Be kell valljam férfiasan, kicsit úgy voltam vele, hogy „jöjjön ha akar, legalább Virág addig sem unatkozik". De abban is férfiasan kell viseltetnem, hogy most elmondom: tévedtem. Abban a fázisban egy zeneterapeuta teheti a legtöbbet. Zenével sokminden könnyedebbé válik. Főleg annak, aki betegsége előtt is foglalkozott zenével (Virág évekig énekelt egy kórusban). És végképp kötelező annak, aki jobb agyféltekéjére kénytelen támaszkodni, hiszen az a felünk könnyebben ért a zene szavából. Könnyebben is tudta így kifejezni mindazt, ami benne volt.

Aztán gyorsan ismét újat kellett tanulnom: szomatopedagógus. Még szerencse, hogy feltalálták a wikipédiát, egyébként gőzöm sem lett volna mi az. Annál is inkább, hogy logopédus és pszichológus is elkezdett foglalkozni vele. Szegény még alig éledezik, és máris három kimondhatatlan tudomány támad rá. De jól tették. Mennyiségileg is, de eredményességben is. Megint bevallással kell folytatnom: mai napig sem tudnám elmagyarázni mi az a hatalmas elhatárolás a 3 szakember

munkája között. De azt átláttam, hogy hárman három különböző irányból közelítették meg a problémát – még ha néhol látszólag ugyanazokkal az eszközökkel is. Jól ki van ez találva, ilyenkor már büszkén gondolok arra, hogy kis hazánkban is tud működni ilyen színvonalas rehabilitáció.
Jöttek is az eredmények. Memóriája rohamosan alakult, hétről hétre többre emlékezett, nőtt az agy befogadóképessége, illetve hajlandósága az összefüggések raktározására. Beszéde is alakult, egyre szebben és egyre többet tudott mondani. Gondolkodása is nagy iramban változott. Így kaptuk őt vissza lassan, lépésről lépésre. Fizikailag, lelkileg, majd szellemileg.

## *Ápolókról, nővérekről*

Nem tudom megtenni, hogy ezt a témát lezárom a nővérek és ápolók megemlítése nélkül. Megreszkírozva, hogy túl gyakran ismételgetem magam és unalmassá válok, ismét saját előítéleteimből kell kiindulnom. Istennek hála soha nem kellett kórházban ülnöm. Virág balesete előtt még családtag mellett sem. Nagyszüleim egy részét korán elveszítettem, abból már szinte semmire nem emlékszem. Azóta meg mindig megúsztuk valahogy (valahogy...). Maximum távoli rokonokat, ismerősöket „kellett" látogatni. Olyankor meg mindig megpróbáltam minimálisra fogni a dolgot. Ha volt kerthelyiség vagy kultúrált váró, hosszabb volt a látogatás, ha nem volt, hát a látogatás is gyorsan elrepült...
Így aztán a kórházi személyzetről sem lehetett saját véleményem. Olyan környékről származom, ahol a nővérnek mindig adni kell, és akkor kedves (legalábbis én így szűrtem ezt le még gyerek fejjel). Ha nem adsz, nem

segít és morcos (gyorsan megjegyzem, hogy ez szerencsére nem pont így van, ismét jelzem, hogy sztereótípiákról beszélünk). Aztán kamaszkorom fénykorán is túlvagyok már, és a velejáró piroskarikás filmeken is, szóval azt is tudom, hogy a nővér tud nagyon csinos és nagyon „segítőkész" is lenni (itt is gyorsan pontosítok – a nővért, aki abban a filmben szerepelt még mindig keresem, én nem futottam össze vele azóta sem). Az idős, és mindent tudó nővérkét is ismerni véltem. Nevezzük Erzsikének. Erzsike mindig katonás, mindig tudja, mit kell tenni, mindig tévedhetetlen. Erzsike 15 éve valójában nyugdíjban van már, de nem tolongnak az ajtóban az utódai, így maradnia kell. Szívességet tesz, Őt tehát senki ne sürgesse, és neki senki ne mondja meg, hogy mit csináljon. Nála úgysem tudja jobban senki – lehet ő már a világháborúban is ápolt?... Végül, híradót is szoktam nézni. Hallom, hogy az egészségügyben nincs pénz, alacsonyak a fizetések (így feltehetően a motiváltság is), és mindenki Angliába menekül a jobb élet reményében.

Normális ember, aki – velem ellentétben – töltött már 2 óránál többet kórházban, persze tudja, hogy mindez badarság. Ők is emberek, ez is egy foglalkozás. Van, aki jobban csinálja, van aki kevésbé. Van, aki tehetséggel, van, aki szorgalomból. Van, aki egy magasztosabb cél érdekében (tudniillik, hogy segítsen másokon), van, aki meg csak a pénzért. Van, aki céltudatosan választotta ezt a szakmát, van akinek meg csak ez jutott. Nem így van ez minden szakmában?! Szerintem nagyon is. Ezért nem is boncolgatom tovább a témát, csak elmesélek pár történetet. Mindenki vonja le a maga következtetéseit, saját példái alapján is.

1. Virág még az intenzív osztályon volt. Legsúlyosabb korszakában, élet és halál között – nem is félúton, inkább az alvégen, a halál felőli oldalon. Közeledett a Karácsony. Soha nem voltam még intenzív osztályon (Istennek hála – remélem nem is leszek többé soha), végképp nem ünnepnap. Meglepett hát, amikor a nővérek elkezdték díszítgetni kis kuckójukat, zenét raktak, gyertya, csillagszóró, miegymás, minden, ami kell a karácsonyi hangulathoz. Virág édesapja akadt ki ezen a leginkább. Akkor ért türelme végére, amikor a zenét is bekapcsolták. Aztán meghalt valaki. Egy fiatal srác. Ő is a karácsonyra készült, de elrobbant előtte egy kazán, szétmarcangolta a testét. Őt már nem lehetett megmenteni. Meghalt. Felesége ott sírt a váróban. A zene megállt. Elvitték a holttestet, eltakarítottak. Egy óra csend következett. Nem láttuk a tényleges okát, de szerettük volna hinni, hogy kegyeleti okokból. De egy órácska után ismét bekapcsolták. Az élet megy tovább. Karácsony van. Virág szülei nem tudták, nem akarták ezt feldolgozni. És ha az ő Lányuk meghal, akkor is megy tovább az ünneplés?! De hiszen az ő egyetlen kicsi lányukról van szó! Én nem haragszom. Talán már ők sem. Mi szűk 2 hetet töltöttünk az intenzív osztály poklában (utána már az intenzív light következett, ahogy én hívom, a túlélők, de még megfigyeltek nagycsoportja). Abban a 2 hétben rengeteg dolgot láttunk. És nem tudtuk sem megszokni, sem feldolgozni. 2 év vagy 20 év távlatában vajon meg lehet? Én úgy gondolom nem. Úgy éreztem, hogy mindenki, aki ott dolgozott megpróbálta valahogy megemészteni, de nem sikerült neki. Kemény és szigorú lett, látszólag érzéketlen. Vagy mélyen vallásos. Vagy kissé fura, társadalom peremére szorulva, kinézve. És a lista hosszú lehet, de egyik sem megoldás, csak félrenézés. Ugyanazon elv követése más-más módon: az életnek

mennie kell tovább, bármi is történik. A Karácsony nélkülünk is eltelik, akkor már miért ne vegyünk részt? Még ha azon az éjszakán műszakba osztottak is. Pont *azon* az éjszakán...
2. Amikor Virággal a rehabilitációs intézetbe kerültünk, volt ott egy fiatal nővér. Tele energiával. És poénokkal. A nővérek bohóca – és ezt most a lehető legjobb értelemben kell érteni! És hihetetlen mekkorát tud dobni egy ilyen nővér a fejlesztésen. Minden területen. Senki nem tudott annyi ételt megetetni Virággal, mint ő (mikor ő volt mellette, sosem kellett aggódni, hogy infúzióval kell pótolni az adagokat). De azt is tényként ismeri mára már a tudomány is, hogy a nevetés gyógyít. Hát ő tudott adni Virágnak jó nagy adag gyógyszereket. Ha őt klónozni tudnánk, csődbe mennének az antidepresszánsgyártók. És ezzel nincs vége – a szellemi rehabilitációba is beszállt. Memóriát fejlesztett, szókincset bővített. Nem ment le falat szellemi táplálkozás nélkül. Köszönjük Móni!
3. A másik emblematikus figurája történetünknek egy férfi. Igen, ezt hangsúlyozni akartam, mert nekem ezt is fel kellett dolgoznom. Félreértés ne essék, semmi ellenvetésem, sőt, nem értem miért nem volt ez mindig természetes. Hiszen sok feladatra ők jóval alkalmasabbak, mindig akkor voltam nyugodt, ha Virág mellett volt női és férfiápoló is. De az is tény, hogy sztenderd képzeteinkben nem férfi nővérkék rohangálnak. A „férfi nővérke" koncepciót meg kellett szokjam hát. Szóval egy középkorú férfi, aki nem tűnt ki a tömegből, első nézésre talán még kicsit savanyúnak is tűnt. De az ő májkrémes kefires húsleveses főzelékes turmixait soha nem fogjuk elfelejteni (PEG-es táplálásról van szó, nyílván, energiabombáról, nem gourmand vacsoráról). Ahogy azt sem, hogy mellette mindig nyugodtak voltunk, hogy Virág vénája elsőre

előkerül az infúzió végett, nem 10-15 nekifutásra (igen, igen, ilyen is volt). Neked is nagy köszönet, Péter!
4. És akkor említsük meg a másik oldalt is. Név nélkül természetesen, senkit nem akarok sértegetni. De az alkalmat nem tudom elszalasztani, hogy felhívjam rájuk a figyelmet. Hátha valaki tud ez ellen tenni valamit. Valami picit legalább. Hátha valaki olyan olvassa most ezeket a sorokat, akinek hatalmában van ezen változtatni valamit. Mert kár érte. Kár a mónik és péterek odaadó munkájáért. És a magas színvonalú rehabilitáció lerombolásáért, hátráltatásáért. Mert a beteggel 3, 4, 5 órát töltenek szakemberek. A többit az ápolókkal, nővérekkel van. Velük oldja meg a reggeli ébredést, az ebédet, az estét, az éjszakát. Főként az éjszakát, vagy a betegebb periódusokat. Amikor a legkiszolgáltatottabb, ágyához kötve (no nem feltétlenül kötelekkel, hanem bénultsága folytán). És amikor kikapcsolják a csengőjét, ne zargassa már annyit az ügyeletest, hadd pihenjen szegény. Amikor megtagadnak tőle valamit, vagy csak megalázó tettekért cserében teljesítik kérését (láttunk már olyat is, hogy valakinek imádkoznia kellett egy szelet kenyérért, mert az jó poén). Vagy amikor fájdalmak közepette hagyják szenvedni a beteget, mert úgyis mindegy neki. Amikor rákiabálnak, leöntik vízzel, gorombák, morcosak. Óvnék ismét mindenkit az általánosításoktól. És azt is megtanultam, hogy nem minden rossz ami elsőre rossznak látszik – néha része a nevelésnek, a fejlesztésnek, néha meg egyszerűen nem megoldható másként, bármennyire is akarná az ember. És az is tény, hogy egy ilyen intézetben sokféle beteg megfordul. Egyesek visszaélhetnek akár a túlzott kedvességgel, kihasználhatják a személyzet engedékenységét. Mindezt el tudom fogadni. De azt is megtanultam, hogy egyes ápolóknál még hosszú út vezet a 21. századba. És amíg ők nem érkeznek meg a mi

jelenünkbe, addig betegek fejlődését fogják hátráltatni. Lelki nyomok révén, vagy egyszerűen csak azért, mert a beteg nem bírja idegekkel és inkább feladja. Inkább lemond a magas színvonalú szakmai munkáról is, csak ne kelljen tovább tűrnie az aláztatást. Remélem döntéshozók is olvassák ezeket a sorokat, és legalább körülnéznek. Hátha tud ebben valami változni.

Zárógondolatként hadd említsem meg a sok-sok szorgos katonát e két véglet között. Azt a sok-sok embert, aki hosszú műszakokban és szerény összegekért igyekszik másokon segíteni. Emberből van ő is, van tehát jobb vagy rosszabb napja. Neki is megvannak a saját problémái, saját gondjai, amiket nem tud mindig véka alá rejteni. És nála is elpattan néha a húr, néha ő sem tud már tökéletes lenni. De azonnal korrigál, amint lehet, jóváteszi. Köszönet nekik hát, mindazoknak, akik tehetségük és lehetőségeik keretein belül a maximumot nyújtották Virág mellett. És bizonyosan nyújtják ma is, és fogják holnap is, újabb és újabb betegek mellett.

## Specialisták

Komolyan, hivatalosan, talán még ridegen is hangzik ez a szó. És néha találóan. De szerencsére futkosnak körülöttünk olyan specialisták is, akik nem csak szakmájukban speciálisak, de emberségükben is. Olyan emberek, akik küldetésnek tekintik szakmájukat, és akik komolyan gondolják, hogy ők másokon segíteni szeretnének. És tőlük lesz egy rehabilitációs kezelés nem csak statisztikailag sikeres, de emberi léptékű is.

Ismét nehéz és veszélyes konkrét példákat említeni – senkit nem sértenék meg azzal, hogy véletlenül elfelejtem megemlíteni a nevét. De ugyanakkor nem lehet említés nélkül hagyni mondjuk azt a gyógytornászt, aki munkaköri leírását bőven túllépve ott pótolja a hiányosságokat ahol épp szükség van rá. Kicsit pszichológus, kicsit ápoló, kicsit barátnő. Néha nem is kicsit. Nehéz lehet ennyi mindent felvállalni, miközben tudjuk, hogy sok a beteg, kevés az idő stb. De bizonyosan kifizetődő. No, nem anyagilag, hanem lélekben. Igazán segíteni egy embertársunkon. Tudni, hogy vannak az osztályon Virágok, akik ébredésük óta csak azt várják, hogy te megjelenj, és végre segíts lélekben is elkezdeni a napot. Nőiességgel, kedvességgel, empátiával, odafigyeléssel. Megreszkírozom: emberi szeretettel. Gyönyörű hivatás. Csak így tovább, Judit!

De a baráttá alakuló pszichológust is meg kell említenünk. A szakemberek között talán ő kísérte végig a történetünket a leghosszasabban. És talán ezért is volt nehéz számára az intézet és szakma formális keretei között maradni. Veszélyes játék, sokkal nehezebb pszichológus barátnak lenni, mintsem megtartani a távolságot. Vigyázni, hogy az egyre erősödő személyes kötődés soha ne váljon a munka kárára. Hogy a pszichológusi szakvélemény objektív tudjon maradni. Feltételezem hamarosan eljött volna az idő, amikor ez már nem működött volna – a barát vagy specialista kérdése. De abban az időszakban amíg Virág intézetben volt, ez az erőfeszítés meghozta gyümölcseit. Balázs fiatalsága ellenére, és férfi létére, kivívta Virág maximális bizalmát – talán a legszorosabbat, mi szakembernek sikerült a rehabilitáció során. Bizalom, mely rengeteg fejlődést hozott. És rengeteg rövid távú, akkor jelentésnek tűnő problémát, valós vagy vélt sérelmet fel tudott dolgozni. Köszi Balázs!

A lista Istennek hála nem ér itt véget. A korábban már említett szakterületek mindegyikében sikerült ilyen emberekre lelnünk. Logopédia, fitnessz, ergoterápia, megannyi terület mely hozzátette a magáét Virág fejlődéséhez. Köszönjük mindannyiuknak, és hiszünk benne, hogy még sok-sok Virág-féle sikert fognak elkönyvelni.

## A társadalom visszafogad

Nyolc hónap telt el folyamatos kórházi létben. Nyolc hónap után engedték Virágot haza először. Egy éjszakára. Hatalmas esemény volt, nagyon készültünk rá. Már korábban is mutattam neki képeket és videókat házáról, kertjéről, kutyájáról. Hogy ne veszítse el a kapcsolatot a realitással, régi életével. De tapasztalat híján is tudtuk, hogy ez nagy nap lesz. Mérföldkő. A visszatérés hivatalossá válik.

Már-már izgultunk is, hogy mi lesz, féltünk, hogy nem tudunk megfelelni. Végig részt vettünk az ápolásában, de most teljes mértékben ránk bízzák. Ő meg annyira törékeny... Izgalmunk hevében valaki felvetette, hogy ki kéne alakítani neki egy betegszobát. Isten számba adta a választ még mielőtt átgondolhattam volna: „Szó sem lehet róla, ki van zárva!" Annyira ellentétesnek éreztem életünk alapelveivel. A legtöbb amivel én tudok segíteni neki, az a szeretetem. A többit Isten intézi, nekem „csak" szeretnem kell. De hogy éreztessem vele határtalan szeretetem, miközben elzárom és elszigetelem? Mifelénk azt mondják, hogy ha nem adhatsz kalácsot, ne adj tanácsot sem. És ítélkezni sem akarok senki felett, tudjuk, hogy az vesse az első követ... De mégis megkísérlek most egy megjegyzést: a legnagyobb hiba, amit hozzánk hasonló helyzetben lévő családoknál láttam, az pontosan a beteg elszigetelése. Néha már fizikailag is, de még többször lelkileg. A beteg pedig érzi, hogy szélre sodródik, hogy már nem szükséges, már nem a régi, már beteg. Elhiszi, hogy beteg, és megnő a veszélye, hogy tényleg az is marad.

Vettünk hát egy új franciaágyat. 2 különálló matraccal, elektromos emelővel, szóval a lehetőség szerint a betegnek járó kényelem megteremtésével, de anélkül, hogy kórházi hangulatot kapna az egész. És úgy, hogy hálószobánk megmaradjon a réginek, közös kis intim kuckónknak. Most már, az évek távlatából büszke vagyok erre a döntésemre – és persze hálás Istennek, hogy megmutatta ezt a lehetőséget. Hatalmas segítség mai napig is Virágnak, hogy együtt és egyek vagyunk, bármi is legyen. És halkan megtoldom mindezt egy vallomással: nekem is könnyebb így.

A nagy nap előtt mindenki lázas készülődésbe kezdett. Egész családja átutazott 500 kilométert, hogy ott lehessen. Idős nagyszüleit beleértve. Kertet, házat szépítettünk, hadd mutassa legszebb arcát. Nagyobb autót kértünk kölcsön, nehogy tragikomikumba fulladjon az esemény, és már a kórház bejáratánál megtorpanjunk, mert nem férünk be. Isten Hozott feliratot gyártattunk (ezúton is köszi a fejlesztő kollégáknak). Lázasan készültünk.

Virággal mentem érte. Mentünk pontosabban, hárman, ha a technika bármelyik ponton megtorpanna is, mennyiséggel tudjuk pótolni. Persze a virág csak több bonyodalmat okozott szegénynek, de hát az ember zavarában sztereotípiákhoz nyúl.

Az utazás jól sikerült, mindössze minimális rutinproblémákkal. Azok is inkább csak abból fakadtak, hogy mindenki túlizgulta a dolgot. Vicces visszagondolni rá, talán Virág volt közöttünk a legtisztább.

Soha nem fogjuk elfelejteni azt a pillanatot, amikor Virággal begördültünk az udvarra. Azt az arcot, azt a mosolyt. Mintha minden nehézség és probléma szertefoszlott volna abban a másodpercben. Átadta magát az élménynek, és láthatóan élvezte. Lubickolt benne. Kiskutyája rohangálós örömében. Nagyszülők örömkönnyeiben. A kertben. A szabadságban. A hazatérésben...

Először a kertet akarta megnézni. Tolószékében végigvezettük. Minden egyes fát, minden egyes virágot megcsodált. Mintha köszönt volna nekik. Felismerte őket, mint rég nem látott rokonokat. Hiszen ő ültette őket, ő kezelte, ő ápolta. Az ő gyermekei. Hogy is felejthette volna el őket?!

Aztán bementünk a házba. Körbevezettük. Csendben. Szinte láttam, ahogy a belső számítógép kiírja, hogy „Feldolgozás alatt...". Aztán hirtelen felsóhajtott, és felkiáltott. „Minden úgy van, ahogy hagytam!" Hát persze, hogy úgy van, szinte semmihez nem nyúltunk, csak amennyiben szükség volt az akadálymentesítés miatt. De ennél is fontosabb: ezek szerint emlékszik! Minden részletre, mindenre amit itthagyott azon a havas téli reggelen.

Megmutattuk neki új ágyunkat. Speciális, de mégis közös ágyunkat. Látható volt a megkönnyebbülés. Lehet már átgondolta ő ezt előre? Lehet belegondolt, hogy ezek most elzárnak engem egy elkülönített betegszobába? Talán akkor még nem tudott ennyire messzire kombinálni. Talán, csak amikor meglátta a tényeket, akkor értette meg, hogy ez másképp is lehetett volna. De az is lehet, hogy nem gondolt ő bele egyáltalán, csak egyszerűen érezte a törődést és elfogadást. És ez jólesett neki.

Elárasztottuk szeretetünkkel. Túlságosan is. A sok izgalomra rálapátoltunk még egy csomó programot, nyílván elfáradt, rosszul lett. Úgy vélem megbocsátható ez nekünk, szeretetből tettük. Isten már ott meg is bocsátott érte, nem is lett nagy baj, gyorsan kipihente.

Másnap már vittük is vissza az intézetbe, hiszen ez csak egy próba volt. De kiválóan sikerült, így megkaptuk a jóváhagyást az orvosoktól. Későbbiekben már minden hétvégén otthon lehetett.

Gyönyörű hétvégék voltak ezek, minden nehézségük ellenére. Sok volt benne a logisztika, rizikó, fizikai és szellemi fáradtság. A tolószéket megszokni. Neki is, nekünk is. Környezetünknek is, mindazoknak, akik nem tudnak elmenni egy tolószékes mellett anélkül, hogy hosszasan megbámulnák. Gyanítom ítélkezés vagy sajnálkozás nélkül, csak úgy kíváncsiságból. Mert az más. És lehet kicsit lelke mélyén meg is nyugszik az ember, mert neki még jó. Ő még továbbsétálhat.

Szóval nehéz, de örömteli, és fölöttébb hasznos időszak volt ez.

Örömteli, mert ismét „normális" dolgokat művelhettünk. Elmehettünk közösen vásárolni, láthattuk, ahogy válogat, mintha megpróbálná bepótolni a teljes kimaradást – és mindamellett meg tudott állni egy pillanatra, hogy megkérdezze „nem lesz mindez drága?". Elmentünk moziba, 3D-s filmet nézni (bár akkoriban néha duplán látott, így azt az alkalmat mindig a technika vívmányaként tartjuk számon, amikor Virág 6D-ben nézett egy rajzfilmet...). Elmentünk szülővárosunkba, megnéztük iskoláját, gyerekkorunk és szerelmünk szép emlékeinek helyszíneit. Elmentünk operába. Elmentünk kettesben nyaralni! Elmentünk strandra. Mentünk és mentünk, nem

71

álltunk le. Mert jólesett. Jólesett együtt lenni, jólesett örömöt szerezni.
És persze jólesett segíteni. Mert láttuk, hogy ez segít. Láttuk mi is, de még az orvosok is. Vállaltunk némi rizikót, mert az utak és programok fárasztották (néha túlságosan is), vagy mert néha sérülésveszélyes helyzetekbe keveredtünk (az ő teste még mindig sokkal törékenyebb volt). De ezeket a veszélyeket fel kellett vállalni, ugyanis az élmények alapvető elemévé váltak a fejlődésnek. Segítették a memóriát, dolgoztatták az agyat, melengették a lelket. Életet adtak, reményt, hogy lehet ez még jó. Reményt. Talán a legfontosabbat egy ilyen helyzetben lévő embernek. Most sem csinálnám másképp. Nincs az a fizikai, szellemi vagy anyagi teher, amit ez ne érne meg. Soha nem hagynék egy beteget négy fal közé zárva, azzal depresszió és feladás jár együtt. Amint orvosilag lehet, már szaladnék is a beteggel, érezze, hogy ÉL. Amíg nem lehet, addig meg az életet, a külvilágot kell bevinni hozzá. Mai technikával ez már nem kihívás. Kit ne dobna fel egy jóízű vígjáték? Vagy egy családi fotó, vagy egy kisfilm sokat ápolt kertjéről. Így tudjuk betegeinket itt tartani, nem engedni, hogy elszakadjanak tőlünk, a valóságtól. Így maradt meg a mi Virágunk is a réginek. Örökre.

## Harmadik fázis: Vissza a jövőbe

Innen folytatjuk. Isten kiosztja majd a kártyákat (vagy már meg is tette?), én meg ígérem, elmesélem. Már ha kíváncsi leszel rá, kedves Olvasó.

Addig is mindenkinek kitartást kívánok, legyenek tapasztalataink erőforrás mindenki számára, aki bármiféle nehéz időszakot él meg. Bármi is legyen az akadály előttünk, én hiszem, hogy az aranyszabály segít. Szeretni egymást és bízni Istenben.

## Utószó után

Már lezártam soraim, csak még gyűjtöttem a bátorságot, hogy újraolvassam egyben az egészet. Reméltem, hogy nem kell mindent újraírnom, úgy éreztem végre közel vagyunk a „lapzártához".

Csörgött a telefonom. Távoli családi barát. Nem is közvetlenül, hanem Virág családja révén. Örültem, hogy hív, rég nem beszéltünk. Pedig sokat gondolok rá, rengeteget segített Virág balesete után, akkor még ismeretlenül is igaz barátként állt mellettünk, mellettem. Örültem, hogy hív, de örömöm másodpercek alatt szertefoszlott. 25 éves lánya intenzív osztályra került. Agysérülés, csak jobb oldali. És mindez abban a városban, ahol én dolgozom. Ennyi véletlen néhány év leforgása alatt?! Pozitív dolgok miért nem történnek ilyen sűrűséggel?

Rohantam is. Vezetés közben azon tűnődtem, hogy most nekem kell segíteni, de nem tudom hogyan. Mit tudok én mondani, hiszen alig emlékszem az akkori tetteimre, csupán a mély nyomokat érzem még ma is. Mikor beszéltünk, éreztem, hogy megoldásokat vár tőlem. Tanácsokat, aranyszabályokat. De nekem nincsenek. Hisz minden eset más, akárcsak minden ember és minden kapcsolat. Mindenki maga tudja miben hisz, miben tud kapaszkodni. És még fontosabb talán, milyen kapaszkodót tud nyújtani a betegnek.

Csak másnap hajnalban sikerült bejutnom hozzájuk. Ahogy beléptem az intenzív osztályra, másodpercek alatt újraéltem mindent. Ijesztő volt, most is hevesebben dobog a szívem ahogy írok róla. De aztán a ráció gyorsan felülkerekedett. 1. Minél borzasztóbb ez az érzés, annál nagyobb hálával fogom Virágot újra megölelni. 2. Attól, hogy én nem látom, az intenzív osztály mindig ilyen.

Naponta halnak meg itt emberek. Ezen az osztályon is, és az ország, a világ összes intenzív osztályán. Jobb ha ezt elfogadjuk, és ennek fényében becsüljük meg mindazt amink van. Ameddig van. 3. Most nem én vagyok a lényeg. Segíteni jöttem, nemde?
Beszéltem az ápolókkal, illetve családtagokkal. Ténylegesen sokmindenben hasonlított Virág esetére. Hátborzongató volt a hasonlóság. „Na mit gondolsz?" Most megkímélek mindenkit a látvány részleteitől, aki volt már intenzív osztályon el tudja képzelni mit láthattam (aki meg nem volt, az úgysem értené meg, és ez maradjon is így). Nem biztató látvány, maradjunk ennyiben. De ismét éreztem, hogy itt áll előttem ez a tiszta szívű édesanya, és reménykedve néz rám, hátha tudok valami biztatót mondani. Ő is látja persze amit én látok, de kell neki egy kapaszkodó. „Tényleg nagyon hasonlít Virág esetére. És láttad, ő itt van kint az autóban, értelmesen és mosolygósan. De azt is látnod kell, hogy ez is nagyon súlyos. Bármikor meghalhat, ezt tudnod kell". Azóta átgondoltam ezt a választ. De nem tudnék jobbat mondani. Nem döfheti le az ember egy édesanya szívét, a reményt soha, de soha nem is szabad feladni. Fals reményeket sem lehet táplálni ugyanakkor. Csodák vannak, de nem mi döntjük, el melyik pillanatban történnek meg, kivel és hogyan.
Néhány órát küzdött még a lány. De túl nagymértékű volt a sérülés ahhoz, hogy túlélje. A csoda elmaradt. A mi csodánk megtörtént, de itt most Isten úgy döntött, hogy visszakéri, ami jár neki. „De miért?!" Nem tudtuk felfogni mi történik, 24 óra leforgása alatt zajlott le az egész, túl kevés bármihez is. De az ilyenkor automatikusan érkező kérdések jöttek is. A miértek. Amikre persze nincs válasz. Mai napig nem tudom miért kellett

akkor egy jószívű, szorgalmas, életvidám 25 éves lánynak meghalnia. De azt tudom, hogy valami értelme biztos volt. Másképp nem történhetett volna meg.

Napokkal később eszembe jutott mindaz, amit itt leírtam. Lezártam egy történetet – egy igaz, de nem általános történetet. És megfordult a fejemben: mit fog mondani Virág története azoknak az édesanyáknak, akik elvesztették gyermekeiket? Dühösek lesznek? Vagy csak legyintenek, hogy könnyen beszélek? Vagy irigykednek majd?

Megfordult a fejemben, hogy talán mégis rossz ötlet volt az egész. De aztán rájöttem, hogy ez az eset mit sem változtat, mindazon amit itt leírtam. Virág története nem sikerstory, nem is egy csodás mese. Hanem az élet nagy harca. Néha győzelemmel, néha veszteséggel, és néha kibírhatatlanul súlyosnak tűnő veszteségekkel. Egy harc, amit meg kell vívnunk. Mert ez a sorsunk, így van megírva, így akarja Isten... Ki hogy hiszi. Hogy tudja és akarja hinni. De a harcot folytatnia kell. Nem feledve, hogy szeretik őt, akárcsak *azelőtt*, változatlanul, rengeteg pozitív erővel. És ő is hasonlóképpen kell, szeressen.

„Jössz már?!". Virág hangja „ébresztett fel". Ő hozott vissza a valóságba. Mint mindig. „Gyere már, segíts, nem bírunk már ezzel a hóemberrel! Túl nagy már a hólabda, a gyerekek segítsége sem elég már!". Virág és a *gyerekeink* – ahogy nevezni szoktuk őket. Megyek én, hát hogyne mennék! *Hisz semmi nem változhat*! Legfennebb jobbra...

*Szétoszthatom mindenemet a nélkülözők közt,*
*odaadhatom a testemet is égő áldozatul,*
*ha szeretet nincs bennem,*
*mit sem használ nekem.*
*A szeretet türelmes, a szeretet jóságos,*
*a szeretet nem féltékeny,*
*nem kérkedik, nem is kevély.*
*Nem tapintatlan, nem keresi a maga javát,*
*nem gerjed haragra, a rosszat nem rója fel.*
*Nem örül a gonoszságnak,*
*örömét az igazság győzelmében leli.*
*Mindent eltűr, mindent elhisz,*
*mindent remél, mindent elvisel.*
*A szeretet nem szűnik meg soha.*
*(...)*
*Most megmarad a hit, remény, szeretet,*
*Ez a három,*
*De köztük a legnagyobb a szeretet.*

(Szent Pál Korintusiaknak írt 1. levele 13.)

Előszó helyett .... 5
Első fázis: Esztelen hajsza .... 7
   Intenzív .... 13
   Állóharc .... 17
   „Megváltó születik" .... 19
   Új élet .... 25
   Visszatérés .... 26
   A hatalmas apró lépések .... 27
   Idegsebészet .... 30
   Kranioplasztikusan .... 33
   Csodaváróban .... 40
   Isten hozott vissza közénk! .... 42
   Rehabilitáció .... 46
Második fázis: Idegjáték .... 49
   Műtétek – a halál nyomasztó gondolata .... 49
   Lélek fejlődik, ember alakul .... 57
   Ápolókról, nővérekről .... 61
   Specialisták .... 66
   A társadalom visszafogad .... 68
Harmadik fázis: Vissza a jövőbe .... 73
Utószó után .... 74

Printed in Great Britain
by Amazon.co.uk, Ltd.,
Marston Gate.